HÅKAN NESSER

Das unerträgliche Weiß zu Weihnachten

und andere winterliche Morde

btb

Herr Kadar

1

Am Nachmittag des 18. Dezembers flogen wir von Daressalam nach Mafia.

Es war eine kleine, zwölfsitzige Maschine der Fluggesellschaft Coastal, die alle Inseln vor der tansanischen Küste anfliegt, und wir waren insgesamt elf Passagiere. Außer uns waren dies noch ein Quartett von Italienern im Alter von etwa sechzig Jahren, zwei Männer, zwei Frauen – die Frauen redeten ununterbrochen, vor allem die eine, die klein war, schwarze Haare hatte und eine Sonnenbrille trug, die fast ihr ganzes Gesicht bedeckte –, ein etwas jüngeres deutsches Paar, das allem Anschein nach in den Flitterwochen war, und zwei englische Frauen beginnenden mittleren Alters; zumindest setzten wir voraus, dass sie Engländerinnen waren, da sie Englisch mit einem Akzent sprachen, der einen augenblicklich an Oxford und Cambridge denken ließ.

Sowie Herr Kadar.

Wir hatten seinen Namen aufgeschnappt, weil

er vor uns in der Schlange gestanden hatte, als wir auf dem Flughafen von Daressalam an Bord der Maschine gegangen waren. Er war groß und drahtig, hatte kurze, graue Haare und war so braungebrannt, als hätte er sich schon länger auf diesem Kontinent aufgehalten. Er schien um die fünfzig zu sein und unterschied sich von der restlichen Gruppe vor allem durch seine Kleidung. Sowohl die Italiener als auch die Deutschen und Engländerinnen hatten sich, wie wir selbst auch, umgezogen und luftigere Kleidung angelegt. Dünne Kleider, Shorts, Sandalen, nur der uns allen gemeinsame bleiche Teint verriet, dass wir uns bis vor Kurzem in einem bedeutend unwirtlicheren Klima aufgehalten hatten.

Herr Kadar dagegen war mit einem dunklen Anzug bekleidet; sein weißes Hemd trug er zwar offen, aber da die Temperatur bei unserer Landung auf dem schlichten Flugplatz von Mafia mitten in der schlimmsten Nachmittagshitze sicherlich über dreißig Grad betrug, stach er von Anfang an ein wenig heraus.

Schwarze, schon leicht staubige Halbschuhe und Strümpfe.

Die Hitze machte ihm jedoch nichts aus. Während wir auf den Jeep warteten, der uns quer über die Insel bringen sollte, konnten wir feststellen, dass kein einziger Tropfen Schweiß auf seine Oberlippe oder seine ernste Stirn getreten war. Die italienischen Damen ächzten laut und wedelten sich mit improvisierten Fächern gegenseitig Luft zu; die junge Deutsche verschwand in einer Art Toilette und zog eine noch dünnere Bluse an, und die Engländerinnen hatten von der Hitze bereits hochrote Köpfe bekommen.

Einzig Herr Kadar stand kerzengerade und unbeeindruckt in dem schmalen Schattenstreifen unter dem vorschießenden Dach und las in einem dicken Buch. Wir fragten uns, woher er wohl kommen mochte. Welche Nationalität er besaß.

Sein Nachname kam uns vage bekannt vor, und wir beschlossen, dass er Ungar war. Bislang hatte er jedoch mit keinem aus unserer Gruppe ein Wort gewechselt, so dass wir uns unserer Sache fürs Erste nicht sicher sein konnten.

Die Fahrt zu der kleinen Ferienanlage Pole Pole führte über eine holprige, streckenweise schwer befahrbare Schotterpiste und dauerte eine gute halbe Stunde. Wir kamen durch zwei Dörfer, in denen Kinder an der Straße standen, uns zuwinkten und lachend »Jambo msungu!« riefen. Außerdem waren am Straßenrand überall Menschen gemächlichen Schrittes unterwegs, mit oder ohne Lasten auf dem Kopf; manche grüßten unseren Fahrer, der Ben hieß und zwei Mal anhielt, um Leuten, die ihn bereits erwarteten, Dinge zu übergeben. Die Vegetation war dicht und üppig, und man merkte, dass es erst kürzlich geregnet haben musste, denn es roch wie in einem Treibhaus; an manchen Stellen musste Ben beinahe in den Dschungel ausweichen, um braunen Pfützen zu entgehen. Die eine Engländerin meinte zur anderen, dies sei ungewöhnlich, da die Regenfälle normalerweise erst im März und April einsetzten.

Wir wurden an einer einfachen Rezeption unter einem Dach aus geflochtenen Bananenblättern empfangen, und während jeder von uns mit Hilfe eines Strohhalms Milch aus einer Kokosnuss trank, erklärte uns ein junges Mädchen namens Robyn die Gepflogenheiten. Wir machten einen Rundgang und schauten, wo Restaurant, Pool, Massagehütte und Bibliothek lagen, erfuhren die Essenszeiten und wurden anschließend zu unseren jeweiligen Häusern geführt; alles in allem gab es sieben, von denen wir fünf füllten, und da uns noch zwei Stunden Tageslicht blieben und die Flut gerade ihren höchsten Stand erreicht hatte, empfahl Robyn uns, vor dem Abendessen noch einen Abstecher zum Strand und Meer zu machen.

Eine halbe Stunde später lagen wir erwartungsgemäß in Liegestühlen unter schattenspendenden Sonnenschirmen, während fünf Meter unterhalb unserer Füße leise der Indische Ozean plätscherte.

Wir selbst. Die Italiener. Das deutsche Paar und die Engländerinnen.

Darüber hinaus ein Paar, das nicht in unserem Flugzeug gewesen war und das wir rasch als Holländer identifizierten.

Alle, nur nicht Herr Kadar.

Das Abendessen war ausgezeichnet. Vier Gänge, Fisch und Schalentiere und große Mengen an Gemüse, alles zubereitet von zwei einheimischen Köchen, und fast alle Zutaten stammten von der Insel oder aus dem Meer. Sauvignon Blanc aus Südafrika. Wir saßen auf der unteren von zwei einfachen Terrassen, und zum Nachtisch tauchte ein Herr namens Massimo auf. Er ging von Tisch zu Tisch, um sich zu vergewissern, dass wir uns wohlfühlten. Dabei stellte sich heraus, dass er der Besitzer der gesamten Anlage war, und er erzählte uns, dass es ihm ein Anliegen gewesen sei, die Ressourcen zu nutzen, die man in den Dörfern und auf der

Insel vorfinde. Dies gelte für die Angestellten, dies gelte für die Speisekarte, dies gelte für die Materialien in allen Gebäuden, die sich in der Tat in einer unerhört schlichten und geschmackvollen Weise in ihre Umgebung einfügten.

»Ich liebe wirklich jeden, der hier arbeitet«, bekannte er. »Ich hoffe, Ihnen wird es genauso ergehen. Sie bleiben also über Weihnachten, genau wie …« Er machte eine Pause und schaute sich um. »… ja, genau wie alle anderen hier Anwesenden abgesehen von Herrn und Frau deVries, die in zwei Tagen heimreisen werden. Sie werden einander also mit der Zeit kennenlernen. Aber jetzt möchte ich Sie nicht länger beim Essen stören. Zum Dessert darf ich Ihnen übrigens den süßen Wein von Madagaskar empfehlen.«

Wir sahen uns an und lächelten. Warfen Blicke zu den anderen Tischen und dachten, dass man selten eine so große Ansammlung durchgängig glücklicher Menschen antraf. Der erste Abend auf einer kleinen Insel im Indischen Ozean, nun gut, die Holländer würden natürlich bald abreisen, sahen aber trotzdem nicht sonderlich traurig aus.

Herr Kadar saß mit seinem Buch alleine an einem Tisch. Er hatte Schuhe und Strümpfe ausgezogen und trug nun einen leicht zerknitterten Leinenanzug. Wir einigten uns darauf, dass er zwar ernst, aber nicht unbedingt unglücklich aussah. Sein Tisch war für zwei Personen gedeckt, und mitten darauf stand in einer Vase eine einsame Rose. Wir fragten uns, ob er jemanden erwartete oder ob er dort saß und sich an jemanden erinnerte, den er verloren hatte.

»Er spricht nur Ungarisch, sonst nichts.«

Eine der Engländerinnen, Mary Simpson, wusste dies beim Frühstück am nächsten Morgen zu berichten. Ihre Freundin war im Übrigen gar keine Engländerin, sondern auf einer Farm in Tansania geboren und aufgewachsen. Ihre Vorfahren waren jedoch Briten gewesen, und sie selbst hatte fünf Jahre in Oxford verbracht, wo sie Mary kennengelernt hatte. Es war fast zwanzig Jahre her, dass sie ihre Examen abgelegt hatten, aber sie hatten niemals den Kontakt zueinander verloren, obwohl sie mittlerweile mehr als achttausend Kilometer voneinander entfernt lebten. Es war so, wie Massimo es uns prophezeit hatte. Wir lernten einander schon kennen. Ihre Freundin hieß Bridget Somerset und hatte sich entschlossen, vor dem Frühstück eine Runde schwimmen zu gehen, und deshalb hatte sich Mary kurz an unserem Tisch niedergelassen.

»Oh je«, erwiderten wir. »Tja, dann wird das mit der Verständigung natürlich ein wenig schwierig werden. Woher wissen Sie das eigentlich?«

»Massimo, der Besitzer, hat es mir erzählt. Seine Frau kommt in ein paar Tagen, er selbst ist einer der besten Taucher der Welt.«

»Massimo?«

»Nein, Mr Kadar. Der Ungar.«

»Ein Taucher aus Ungarn? Das dürfte ziemlich ungewöhnlich sein. Das Land liegt ja nicht gerade am Meer.«

»Keine Ahnung«, erwiderte Mary Simpson und zuckte mit den Schultern, und dann tauchten sowohl ihre Freundin als auch Herr Kadar auf, wenngleich aus verschiedenen Richtungen, und unsere kurze Unterhaltung war vorbei.

Wir nahmen an diesem ersten Tag an keinem Ausflug teil. Stattdessen zogen wir es vor, uns mit der näheren Umgebung vertraut zu machen; wir gingen am Strand spazieren, am Rand eines Mangrovensumpfs vorbei und bis zu einem wesentlich längeren Sandstrand, vor dem eine Reihe von Dhaus trieben und an dem ein recht munteres Treiben herrschte. Hier gab es zudem eine etwas größere

Ferienanlage als Pole Pole – das Mafia Island Resort –, zwei verschiedene Tauchcenter sowie einen kleinen, zusammengezimmerten Verschlag, der sich als Café ausgab. Wir bestellten eine Tasse Kaffee und unterhielten uns eine Weile mit dem Inhaber, der Pablo Picasso hieß und Bilder malte, die er zu lächerlich niedrigen Preisen verschleuderte. Wir schauten uns einige davon an, sie zeigten entweder langbeinige Massaifrauen oder bunte Fische. Wir erklärten, dass wir sicher auf sie zurückkommen würden.

Zum Mittagessen erschienen nur wir, die Holländer und Herr Kadar, weil alle anderen beschlossen hatten, den Tag irgendeiner Form von Aktivität zu widmen: Tauchen, Schnorcheln, ein Besuch der Nachbarinsel Chole, oder was auch immer. Wir grüßten höflich die drei anderen Gäste, und Herr Kadar erwiderte unsere Kontaktaufnahme, indem er den Hals zu einer sanften Verbeugung neigte, jedoch ohne etwas zu sagen oder unserem Blick zu begegnen. Er trug denselben Leinenanzug wie am Vorabend und las, wie die ganze Zeit schon, in demselben dicken Buch. Die Rose stand noch auf seinem Tisch, ließ aber ein wenig den Kopf hängen, und wenn man bedachte, dass die Lufttemperatur auch an diesem Tag bei etwa dreißig Grad zu liegen schien, fanden wir dies nicht weiter verwunderlich.

»Es wird interessant sein, seine Frau zu sehen. Was denkst du, wie sie ist?«

»Wie sie ist?«

»Ja.«

»Eine dunkelhaarige Schönheit mit mystischer Ausstrahlung.«

»Ich wette, dass das nicht stimmt.«

Wir gingen die Wette ein. Eine Ganzkörpermassage für den Gewinner.

2

Zwei Tage vergingen. Pole Pole bedeutet auf Swahili so viel wie »slowly, slowly«, und wir ließen es wirklich sehr ruhig angehen. Badeten, lagen in Liegestühlen und lasen, machten mit dem Boot einen Ausflug zum Schnorcheln an dem Riff, das die Bucht einrahmte, und flanierten eine Stunde durch die tausendjährigen Ruinen auf Chole.

Frühstück, Mittagessen, Abendessen im Restaurant. Das Essen war wirklich vorzüglich, und wir versicherten uns, dass es kein größeres Problem wäre, den Rest unserer Tage an einem Ort wie diesem zu verbringen. Wir kamen auch ein wenig mit den übrigen Gästen ins Gespräch, vor allem mit Mary Simpson und Bridget Somerset. Die Italiener blieben ein wenig für sich, und beim Schnorcheln stellte sich heraus, dass nur zwei von ihnen ein wenig Englisch beherrschten. Das deutsche Paar, Dietmar und Maren, war frisch verheiratet, die beiden hatten sich Pole Pole für den ersten Teil ihrer Flitterwochen ausgesucht und legten verständlicherweise großen Wert darauf, sich möglichst viel in den Augen des anderen widerspiegeln zu dürfen.

Herrn Kadar sahen wir nur bei den Mahlzeiten. Alle grüßten ihn höflich, wenn er im Leinenanzug an seinem Tisch saß, und er war immer als Erster an seinem Platz und vollführte jedes Mal die gleiche sanfte Neigung seines Halses, um anzuzeigen, dass er den Gruß wahrgenommen hatte und erwiderte. Anschließend las er weiter in seinem Buch. Die Rose in der kleinen Vase wurde, wenn wir recht sahen, alle zwei Tage ausgetauscht. Mary Somerset fragte Massimo, wo man auf der Insel Rosen bekam, und erfuhr, dass es im Dorf eine Frau gab, die sie züchtete.

Am Vormittag des 21. Dezembers reisten die Holländer, May und Pieter deVries, ab, und am Nachmittag trafen zwei neue Gäste ein. Der eine war eine Marokkanerin mit olivenfarbigem Teint namens Fatima; sie war um die vierzig und sehr schön. Beim Abendessen ging sie herum, grüßte alle und erklärte, ihr Englisch sei leider nicht besonders gut, sie arbeite als Journalistin in Casablanca und sei nicht zum ersten Mal in Pole Pole. Massimo kenne sie schon seit vielen Jahren, und nun freue sie sich auf einen weiteren Aufenthalt an diesem Ort, den sie vorbehaltlos das Paradies auf Erden nannte. Wir stellten sofort fest, dass sie eine ungeheuer warmherzige und lebendige Frau mit einer Ausstrahlung war, der sich niemand entziehen konnte.

Der zweite neue Gast war Frau Kadar.

Sie war ganz offensichtlich im selben Alter wie ihr Gatte, allerdings zwanzig Zentimeter kleiner und zwanzig Kilogramm schwerer. Sie hatte leicht wirre und ausgefranste, rotblond gefärbte Haare und eine sehr blasse Haut, außer im Gesicht, wo ihr Körper die afrikanische Hitze vorzugsweise in kleinen roten Hochdruckgebieten zu sammeln und freizusetzen schien. Sie trug an diesem ersten Abend ein ärmelloses, blassrosa Kleid, ergänzt um eine goldene und türkise Halskette sowie knubbelige Finger, die eine Vielzahl farbenfroher Ringe beherbergten. Einer von uns erinnerte sich, dass sie Nikita Chruschtschows Frau, wie auch immer diese geheißen hatte, auf jenem berühmten Foto mit dem Präsidentenpaar Kennedy ähnelte.

Hatte Herr Kadar sich bislang mit einer Aura aus Schweigen umgeben, so forderte Frau Kadar zum Gegenteil auf. Pausenlos sprach sie leicht vorgebeugt, die Ellbogen auf den Tisch gestemmt, mit glänzenden Lippen und in einem Ungarisch mit ihrem Mann, das mindestens zweihundert Worte in der Minute zu erreichen schien. Vielleicht wäre es zutreffender zu schreiben, dass sie *zu* ihrem Gatten sprach, denn soweit wir es mitbekamen, hatte Herr Kadar der ratternden Konversation seiner Frau wenig entgegenzusetzen. Er saß die ganze Zeit kerzengerade und betrachtete sie mit einem sanften Lächeln, manchmal nickend, manchmal mit zwei entschuldigend gehobenen Augenbrauen und leicht schief gelegtem Kopf, aber bis wir beim Nachtisch angekommen waren, war klar, dass er in seiner Muttersprache ebenso stumm war wie in allen anderen Sprachen auch.

»Was für eine grässliche Frau. Er kann einem wirklich leidtun.«

»Er scheint nicht zu leiden. Vielleicht ist er ja taub? Ich habe gehört, dass Taucher oft Probleme mit dem Gehör bekommen … der große Druck in der Tiefe und so weiter.«

»Nun, das wäre natürlich eine Erleichterung für ihn. Meinst du, er könnte auch blind sein?«

Als wir unseren Tisch verließen, kamen wir am Ehepaar Kadar vorbei und versuchten beide, Frau Kadar freundlich zuzunicken. Sie verstummte für eine Sekunde und musterte uns, als wären wir eine Art afrikanisches Ungeziefer, das sie mitten in einem wichtigen Vortrag unterbrochen hatte. Unsere diskrete zivilisierte Geste erwiderte sie mit keiner Miene.

Grässlich, wiederholten wir, als wir auf dem dunklen Strand angekommen waren, und versuchten, ein wenig Meeresleuchten aus der See zu plantschen. Über die Maßen grässlich.

Am folgenden Morgen, dem 22. Dezember, spazierten wir nach dem Frühstück um die Landzunge herum und schauten zu, als das Tauchboot beladen wurde. Sauerstoffflaschen und Regulatoren. Bleigürtel und blaue Säcke mit verschiedenen Schwimmflossen, Masken und Schnorcheln. Kühlboxen mit Snacks, Wasser und Kaffee. An diesem Tag stand ein einzelner Tauchgang auf dem Programm, in drei Stunden würde man zurück sein. Die Mannschaft bestand aus einheimischen Trägern und Handlangern, die unter der Aufsicht des Tauchführers standen, eines jungen Portugiesen namens Tiago.

Fünf Teilnehmer wohnten in Pole Pole: Bridget Somerset und Mary Simpson, das junge deutsche Paar sowie Herr Kadar. Aus dem Mafia Island Resort stieß ein weiteres Quartett hinzu, wenn uns nicht alles täuschte, ausnahmslos Italiener. Man ging an Bord des Bootes, einer traditionellen Dhau mit zwei Zwanzig-PS-Motoren, winkte zum Abschied und brach zu dem östlich von Chole gelegenen Riff auf. Wir stellten fest, dass Herr Kadar seinen Anzug abgelegt hatte und schlicht mit Shorts, einem gelben T-Shirt und einer Baseballkappe bekleidet war. Er sah muskulös und durchtrainiert aus. Frau Kadar dagegen ließ sich nicht blicken und hatte auch nicht am Frühstück teilgenommen. Wir meinten zueinander, dass wir hofften, er habe sie in der Nacht umgebracht. Sie ins Meer geworfen oder im Dschungel verscharrt.

Aber dies war nicht der Fall. Wir trafen gegen halb zwei zum Mittagessen ein, und da saßen sie schon an ihrem Tisch. Herr Kadar war vom Tauchen zurückgekehrt und hatte seinen Leinenanzug angezogen, Frau Kadar sah ähnlich aus wie am Vortag, allerdings mit dem Unterschied, dass ihre Hautfarbe von weiß zu rosarot gewechselt hatte. Offenbar hatte sie ihren ersten Vormittag in der Sonne verbracht, was ihr nicht gut bekommen war. Wir saßen mindestens fünf Meter von ihrem Tisch entfernt, nahmen aber dennoch deutlich den Geruch verbrannten Fleisches wahr, der von ihren nackten Schultern und Armen ausging. Worüber sie an diesem Tag mit ihrem Mann sprach, erschloss sich uns nicht, aber ihr Tonfall war bedeutend schneidender und quengeliger als am Vortag, und nebenher ließ sie es sich auch nicht nehmen, eine der servierenden jungen Frauen zurechtzuweisen, weil diese das Wasserglas von der falschen Seite aus füllen wollte. Wir sahen keinen Grund, unsere Einschätzung ihrer Person zu ändern, und Herr Kadar wirkte nun auch ein wenig zusammengesunken und traurig.

Wie ein großer und stattlicher Hund, der Sitz macht und eine Schimpftirade seines drallen Frauchens über sich ergehen lassen muss, kommentierte einer von uns.

Genau, bestätigte der andere, es ist ein Trauerspiel. Zwei Tage vor Weihnachten und dann so etwas. Man sollte etwas tun.

Aber was?

Keine Ahnung.

»Er war wirklich wie ein Fisch im Wasser. Als wäre er im Meer zur Welt gekommen. Ich glaube nicht, dass ich so etwas schon einmal gesehen habe, und ich bin ziemlich viel getaucht.«

Es war noch eine halbe Stunde bis zum Abendessen. Die Cocktailstunde; wir saßen mit Mary Simpson und Bridget Somerset in der offenen Bibliothekshütte und blickten auf die tiefer werdenden Blautöne über dem Meer hinaus. Es war Mary, die sich so bewundernd über Herrn Kadars Verdienste als Taucher äußerte.

»Seine Frau dagegen scheint niemand zu sein, mit dem er sich schmücken kann«, wandte Bridget ein und nippte an ihrem Tequila Sunrise.

»Man sollte sie vielleicht eher auf den Tisch legen«, schlugen wir vor. »Mit einem Apfel im Mund. So wie sie heute gegrillt worden ist.«

Aber Mary wollte lieber über das Tauchen sprechen. »Massimo hat mir erzählt, dass Herr Kadar viele Jahre auf Ölbohrinseln gearbeitet hat. Wochenlang hat er sich in zweihundertfünfzig Meter Tiefe aufgehalten und dort Arbeiten durchgeführt, die sonst kaum jemand schafft … oder wagt. Stellt euch vor, so lange in einer solchen Tiefe zu bleiben, da unten ist es stockfinster. Einsamer kann man nicht sein.«

»Jedenfalls bleibt ihm so seine Frau eine Weile erspart«, gaben wir zu bedenken.

»Das ist richtig«, stimmte Mary zu. »Übermorgen werden wir dann nachts tauchen. Das wird spannend, ich bin seit Jahren nicht mehr nachts getaucht. In der Stunde nach Mitternacht zwischen Heiligabend und dem ersten Weihnachtstag, Tiago sagt, das sei hier eine Tradition.«

»Aber doch hoffentlich nicht in zweihundertfünfzig Meter Tiefe?«, fragten wir.

»In höchstens fünfzehn bis zwanzig«, antwortete Mary lachend. »Aber anscheinend geht es auf die Außenseite des Riffs, und da gibt es bestimmt auch ein paar tiefe Stellen.«

»Ich halte mich an Tauchgänge bei Tageslicht«, meinte Bridget Somerset leicht schaudernd. »Und ans Schnorcheln, man sieht auch von der Oberfläche aus eine Menge interessanter Dinge.«

Dem stimmten wir zu und nippten an unseren Mojitos.

3

An Heiligabend fuhren wir vormittags zu einer Sandbank hinaus. Wir, das junge deutsche Paar, die Marokkanerin Fatima sowie drei Gäste aus der anderen Ferienanlage kamen mit. Erst schnorchelten wir ein wenig, dann machte unsere Besatzung ein Feuer und grillte am Ufer Fische für uns. Uns wurde ein Weißwein angeboten, der ganz vorzüglich schmeckte, und alle staunten, wie es ihnen gelungen war, ihn zu kühlen.

Eine unbarmherzig glühende Sonne ergoss sich aus einem leuchtend blauen Himmel, und wir zwängten uns unter dem aufgespannten Segeltuch zusammen, um nicht das gleiche Schicksal zu erleiden wie die Fische. Wir unterhielten uns vor allem mit Fatima, die uns weiterhin gut gefiel. Sie mischte auf eine charmante Weise Englisch und Französisch und erzählte uns, dass sie sich als Journalistin in erster Linie mit der Situation armer Frauen in Nordafrika beschäftige. In den Dörfern scheine es fast unmöglich, die alten Unterdrückungsmechanismen auszurotten, erklärte sie, aber man müsse trotzdem tun, was man könne, um das Unwissen und die Ungerechtigkeiten auf der Welt zu mindern. Wir wollten erfahren, woher sie Massimo kannte, und sie gestand uns ohne Umschweife, dass sie früher ein Liebespaar gewesen seien, inzwischen jedoch nur noch gute Freunde seien. Wir erwähnten auch das eigentümliche Ehepaar Kadar, worauf Fatima jedoch eher zurückhaltend reagierte, denn wenn wir sie richtig verstanden, schien sie zu meinen, eine Beziehung könne man niemals von außen beurteilen. Dass nicht immer alles so sei, wie es zu sein scheine, und daraufhin blieb uns natürlich nichts anderes übrig, als ihr in diesem Punkt recht zu geben.

Gegen halb drei waren wir wieder in Pole Pole und nahmen ein zweites Mittagessen ein. Die anderen Gäste hatten schon gegessen, so dass nur wir fünf, die wir die Sandbank besucht hatten, anwesend waren. Ausnahmsweise saßen wir zu fünft am selben Tisch, und selbst den verliebten Deutschen gelang es, sich ein wenig an der Konversation zu beteiligen. Wir sprachen natürlich über das bevorstehende Weihnachtsbüfett, es war als »Swahili Special Christmas Dinner« angekündigt worden und sollte am Abend um neun Uhr beginnen, außerdem war vorgesehen, dass wir lange, sehr lange sitzen bleiben sollten – bis die nächtlichen Taucher eine gute Stunde nach Mitternacht zurückkehren würden. Dies sei eine Tradition, erläuterte Massimo, und uns werde es nicht an Speis und Trank mangeln, was Fatima, die schon einmal daran teilgenommen hatte, bestätigen konnte.

»Mais alors, Christmas comes seulement once every year.«

Sie lachte, und wir dachten einmal mehr, dass sie eine wirklich ganz bezaubernde Frau war.

Um neun saßen wir dann alle dort. Nicht zu zweit oder viert wie sonst, sondern gemeinsam an einer einmalig schön gedeckten Tafel. Wir selbst, das junge deutsche Paar, Fatima, Mary Simpson und Bridget Somerset, die Italiener sowie Herr und Frau Kadar.

Dreizehn, stellten wir fest. Kurz nach halb elf, als wir uns ungefähr achtzehn verschiedene kleine Speisen einverleibt hatten und ungefähr ebenso viele noch ausstanden, und lange bevor es Zeit für die Desserts wurde, schrumpfte unsere Zahl jedoch auf elf, da Mary Simpson und Herr Kadar zu ihrem nächtlichen Tauchgang aufbrachen. Frau Kadar, die bis dahin ungewöhnlich schweigsam und mürrisch gewirkt hatte, wurde daraufhin an ihrem Platz am Tischende, eingecremt mit einer dicken Schicht heilender Salbe, die wie eine Mischung aus Kokos- und Muttermilch roch, noch mürrischer. Was sie davon hielt, dass ihr Gatte sie alleine in dieser Gruppe feindlich gesinnter Fremder zurückließ, stand ihr ziemlich deutlich ins glänzende Gesicht geschrieben, aber wir flüsterten uns zu, dass er Gott sei Dank wenigstens, wenn es um Unterwasseraktivitäten ging, Herr im eigenen Haus zu sein schien.

Außer Mary Simpson und Herrn Kadar sollte eine dreiköpfige Gruppe von der anderen Ferienanlage teilnehmen; bevor sie sich nun alle gemeinsam auf den Weg machten, kam Massimo vorbei und bat uns, mit ihm auf das tapfere Sextett anzustoßen, womit er den Tauchführer Tiago einschloss, und bat sie, für den Fall, dass uns zu später Stunde das Essen ausgehen sollte, aus dem Meer ein paar prächtige Hummer mitzubringen.

Seine kurze Rede wurde von allen mit Lachen und Applaus belohnt.

Mit Ausnahme Frau Kadars, die es vorzog, wütend vor sich hin zu murmeln und ihrem abziehenden Mann nachzustarren.

Als wir dreieinhalb Stunden bei Tisch gesessen hatten, lag Mitternacht schon geraume Zeit hinter uns, und wir waren in fröhliche und ausgelassene Unterhaltungen in allen möglichen Sprachen vertieft, allerdings nicht Ungarisch, und Massimo fragte, ob wir uns eventuell ein wenig die Beine vertreten, vielleicht ein kurzes Bad in der Dunkelheit nehmen wollten – während wir darauf warteten, dass die Desserts serviert wurden und unsere tauchenden Freunde zurückkehrten.

Wir erkannten, dass dies eine ausgezeichnete Idee war. Zusammen mit den Deutschen, Bridget, Fatima sowie zwei der Italiener begaben wir uns an den Strand, zogen uns in gebührendem Abstand voneinander aus und schwammen in das vollkommen spiegelglatte Wasser hinaus.

Achtundzwanzig Grad Lufttemperatur. Achtundzwanzig Grad Wassertemperatur.

Weihnachten. Myriaden von Sternen.

Wir trieben auf dem Rücken und dachten, näher als hier und jetzt lässt sich der Ewigkeit nicht kommen.

4

Um zwei Uhr waren Herr Kadar und Mary Simpson immer noch nicht von ihrem nächtlichen Tauchgang zurückgekehrt, und wir ahnten allmählich, dass etwas nicht stimmte.

Aber wir sprachen es nicht aus, erwähnten es ausnahmslos mit keinem Wort. Alle elf blieben sitzen. Kaffee, Cognac und Liköre waren serviert worden. Einige rauchten Zigaretten. Einer der italienischen Herren war mit dem Kinn auf der Brust und einem erloschenen Zigarrenstummel im Mundwinkel eingeschlafen. Frau Kadar wirkte ebenfalls angeschlagen, in der letzten Stunde hatte sie in einem Buch mit bunten Fischen geblättert, aber ob sie etwas begriff, blieb höchst unklar, außerdem hatte sie immer noch nicht ein Wort mit einem von uns gewechselt. Dagegen mindestens zwei Flaschen süßen Wein getrunken und zwanzig Zigaretten geraucht. Fatima und Bridget Somerset hatten einander eindeutig gefunden, sie steckten die Köpfe zusammen und führten flüsternd ein Gespräch, das von Zeit zu Zeit davon unterbrochen wurde, dass eine der beiden lauthals loslachte und sich auf ihrem Stuhl zurücklehnte. Die junge deutsche Braut saß auf dem Schoß ihres Bräutigams.

Trotzdem spürten wir einen Anflug von Sorge. Es wurde auf Uhren geschaut. Es wurde die Stirn gerunzelt.

Um drei war die Lage unverändert, und wir beschlossen, ins Bett zu gehen. Das deutsche Paar hatte sich, genau wie zwei Italiener, bereits zurückgezogen. Fatima leistete uns Gesellschaft, sie wohnte in dem Haus neben unserem. Bridget Somerset, die beiden anderen Italiener sowie Frau Kadar blieben im Restaurant, letztere schlief über den Tisch gelehnt, und ihr verquollenes Gesicht lag in einem Teller zermatschter Früchte. Mango, Ananas, Papaya und Banane. Die Italiener spielten Karten. Bridget Somerset kaute auf ihren Fingernägeln, weigerte sich aber beharrlich, uns zu begleiten; sie behauptete, kein Auge zumachen zu können, ehe sie nicht wisse, dass ihre Freundin Mary wohlbehalten zurückgekommen sei.

Mary Simpson war es dann auch, die uns erzählte, was passiert war. Wir saßen auf ihrer Terrasse, nur wir vier, am Vormittag des ersten Weihnachtstages, und wie durch ein mitfühlendes Wunder der Natur regnete es.

»Es ist unfassbar«, sagte sie und schnäuzte sich. »Und so furchtbar. Er muss es mit Absicht getan haben. Zu einem Unglück kommt es einfach nicht auf diese Weise.«

»Noch einmal«, baten wir. »Was in aller Welt ist denn nun eigentlich passiert?«

»Er ist auf den Grund gesunken«, antwortete Mary und schüttelte den Kopf, als traute sie ihren eigenen Worten nicht. »Das hat natürlich keiner von uns gesehen, aber so muss es gewesen sein. Sein Auftriebsausgleich trieb direkt neben dem Boot hoch.«

»Sein Auftriebsausgleich?«

»Der Auftriebsausgleich und die Druckregulierung und die Sauerstoffflasche, er muss das alles einfach ausgezogen haben. Den Bleigürtel hat er anbehalten und ist zum Grund gesunken.«

»Großer Gott«, sagten wir.

»Ja. Wir waren ja auf der Außenseite des Riffs, und dort gibt es einen Meeresgraben, der mindestens zweihundert Meter tief ist, sagt Tiago. Dort liegt er jetzt wohl …«

Sie schluchzte und schnäuzte sich.

»Der armte Teufel… und der arme Tiago. Für einen Tauchführer muss das doch sicher das Schlimmste sein, was einem passieren kann. Dass jemand verschwindet.«

»Aber wenn es seine eigene Entscheidung war«, wandte Bridget ein, »dann kann man Tiago deshalb ja wohl keinen Vorwurf machen. Aus zweihundert Metern Tiefe kann man doch niemanden hochholen? Im Dunkeln? Was hätte er denn tun sollen?«

Mary zuckte mit den Schultern. »Ich weiß. Wir konnten nichts tun. Wir sind gekreist und haben zwei Stunden lang gesucht, aber es war natürlich von Anfang an aussichtslos. Er hatte sich entschieden, so einfach war das. Man verliert die Flasche und alles andere nicht aus Versehen… und wenn er den Gürtel anbehalten hat, ist er natürlich wie ein Stein gesunken. Nein, wir hatten keine Chance, ihn zu retten.«

Wir schwiegen eine Weile.

»Wenn er so ein überragender Taucher war, dann erschien ihm das vielleicht als eine ganz natürliche Wahl«, schlugen wir vor. »Er wollte seinem Leben dort ein Ende setzen, wo er zu Hause war.«

Bridget Somerset nickte. »Jedenfalls muss sich seine Frau jetzt keine Gedanken über die Beerdigung machen. Dieser furchtbare Mensch.«

»Wenn ich mit einer solchen Frau verheiratet wäre, würde ich mich auch umbringen«, meinte einer von uns. »Ich habe noch nie ein so ungleiches Paar gesehen.«

»Ja«, meinte Mary seufzend. »Vielleicht hat er es ja von langer Hand geplant. Sich an Weihnachten zum Meeresgrund sinken zu lassen. Wundern würde es einen nicht ... aber das werden wir natürlich nie erfahren.«

»Welchen Eindruck machte er denn auf dem Boot?«, erkundigte sich Bridget. »Ich meine, während ihr zu der Stelle hinausgefahren seid, an der ihr tauchen wolltet?«

»Er war wie immer«, antwortete Mary sofort. »Er sah vollkommen ruhig und entspannt aus. Natürlich sprach er mit keinem, aber das konnte er ja auch nicht. Und Tauchanweisungen brauchte er nicht.«

»Hat eigentlich jemand Frau Kadar heute Morgen gesehen?«, fragten wir uns.

Das hatte niemand, aber von Massimo erfuhren wir etwas später, dass sie zum Flughafen gefahren worden war, um die Vormittagsmaschine nach Daressalam noch zu erreichen. Keiner von uns begriff, warum sie es so eilig hatte; wäre es jetzt, wo ihr Mann in zweihundert Meter Tiefe vor Mafia ruhte, nicht naheliegender gewesen, auf der Insel zu bleiben? Aber wir zuckten mit den Schultern und begriffen, wenn es einen Menschen gab, aus dem wir nicht schlau wurden, dann war es Frau Kadar.

Massimo hielt an diesem Weihnachtstag während des Mittagessens eine kurze Rede. Der Zwischenfall hatte ihn augenscheinlich erschüttert, aber es war ihm ein Anliegen zu betonen, dass den Tauchführer Tiago keine Schuld traf. Es scheine auf der Hand zu liegen, dass Herr Kadar sich entschlossen hatte, seinem Leben auf diese Weise ein Ende zu setzen – es in dem Meer zu beenden, das so viele Jahre sein zweites Zuhause gewesen war –, und es habe einfach nicht in der Macht anderer Menschen gestanden, ihn davon abzuhalten. Man hätte sich vielleicht gewünscht, dass er einen anderen Zeitpunkt gewählt hätte, aber man könne niemanden kritisieren, der offensichtlich keinen Sinn mehr darin gesehen habe, weiterzuleben, erklärte Massimo.

Natürlich fand das Mittagessen in bedrückter

Atmosphäre statt; wir aßen schweigend, es regnete beharrlich weiter, und sogar das Mangosorbet schien jegliche Süße verloren zu haben.

Es war darüber hinaus unser letzter Tag auf der Insel. Wir blieben im Haus und lasen bis vier Uhr, als der Regen schließlich abzog. Dann machten wir einen kürzeren Spaziergang durchs Dorf, grüßten fröhliche Kinder, tranken Kaffee und kauften Picasso zwei Bilder ab. Beim Abendessen saßen wir mit Mary und Bridget an einem Tisch, Mary stand nach dem, was sich zugetragen hatte, immer noch ein wenig unter Schock, und wir versuchten uns an andere Themen zu halten; die beiden blieben noch drei Tage auf Mafia, aber dass die Freundinnen an weiteren Tauchausflügen teilnehmen würden, erschien ausgeschlossen. Vielleicht würden sie ihren Aufenthalt ein wenig verkürzen und sich stattdessen ein oder zwei Tage auf dem Festland gönnen. Oder auf Sansibar.

5

Am zweiten Weihnachtstag flogen wir mit der Nachmittagsmaschine nach Daressalam zurück, Fatima und die Italiener waren bereits am Vormittag abgereist. Wir waren nur sechs Passagiere; wir selbst, das deutsche Paar sowie zwei Amerikanerinnen vom Mafia Island Resort. Wir landeten um halb fünf, nahmen ein Taxi zum Terminal für Auslandsflüge und entdeckten, dass sich unsere Flugzeit geändert hatte. Die Maschine ging um 17.00 Uhr statt um 18.15 Uhr, und da wir das Terminal um fünf Minuten vor fünf betraten, hatten wir keine Chance, unseren Flug noch zu erreichen.

Daraufhin verbrachten wir einige Zeit in einem engen und heißen Büro mit einer Angestellten der verantwortlichen Fluggesellschaft und wurden schließlich auf 17 Uhr am nächsten Tag umgebucht. Halbwegs akzeptable Erklärungen für die Änderung der Flugzeit bekamen wir nicht; die müde Frau stimmte uns zu, dass man uns hätte informieren müssen, aber eventuelle Schadensersatzansprüche müssten wir dort geltend machen, wo wir die Flugtickets gekauft hatten.

Da sich keiner von uns in Daressalam auskannte, beschlossen wir, ein Zimmer in dem Hotel zu nehmen, in dem wir die Nacht verbracht hatten, bevor wir nach Mafia weitergereist waren: The Serena. Es war zwar mit Abstand das teuerste in der ganzen Stadt, aber sie hatten zufällig eine freie Suite für uns – leider seien die normalen Zimmer alle belegt, es tue ihnen sehr leid, aber die Suite sei wirklich sehr elegant –, und wir dachten, dass wir zumindest die Übernachtungskosten auf das Reisebüro würden abwälzen können.

Wir nahmen ein Taxi und betraten kurz nach halb acht die marmorverkleidete, mit Blumen geschmückte und klimatisierte Lobby des Serena, die so groß war wie ein halbes Fußballfeld und zu deren Rechten und Linken zwei der besten Restaurants von Daressalam lagen. Wir duschten rasch in unserer Suite und entschieden uns anschließend für das mit einem italienischen Touch. Dort aßen wir beide Hummer, einmal à la creole, einmal à la thermidor, und als wir schließlich unsere Mahlzeit beendet hatten, traten wir auf der zum Meer hin gelegenen Seite auf den Rasen hinaus, auf dem eine Reihe von Tischen in angenehmen Abständen voneinander verteilt standen. Die Rasenfläche hatte die Größe von zwei Cricketfeldern und wurde etwa fünfzig Meter von der Hotelterrasse entfernt von einem diskret beleuchteten Swimmingpool gekrönt. Menschen aus aller Herren Länder saßen hier und genossen die relative abendliche Kühle, und ihnen allen dürfte als Einziges gemeinsam gewesen sein, dass es das Leben gut mit ihnen gemeint hatte, so gut jedenfalls, dass sie es sich leisten konnten, eine Nacht im Serena Hotel zu verbringen.

Wir fanden einen Tisch zwischen Menschen, die wir einerseits als ein Quartett indischer Geschäftsmänner und andererseits als einen betagten amerikanischen Ölmagnaten nebst blauhaariger Gattin identifizierten, und dachten, dass wir schließlich nur einmal leben, und bestellten eine Flasche Champagner. Es war wirklich ein wunderbarer Abend. Die samtweiche afrikanische Dunkelheit und eine milde Brise vom Indischen Ozean. Das Rascheln von Palmblättern, dezente Unterhaltungen in Sprachen aus der ganzen Welt, leise klirrendes Eis in den Gläsern, ein Knick in der Zeit.

Als wir unser zweites Glas tranken, warfen wir zufällig einen Blick über die Schulter und sahen sie. Sie saßen ein ganzes Stück von uns entfernt, ungefähr zwanzig Meter; das Licht war schummrig, ein Irrtum dennoch ausgeschlossen. Auf dem Weg zu den Toiletten konnten wir zudem feststellen, dass sie Händchen hielten, ihre Köpfe sich sehr nahe waren und sie ausgesprochen glücklich wirkten.

Herr Kadar und Fatima aus Marokko.

Er trug auch an diesem Abend einen Leinenanzug, aber einen anderen und neueren. Vielleicht hatten sie ihn am Nachmittag gemeinsam gekauft, sie hatte Mafia ja schon am Morgen verlassen.

Wir gaben uns nicht zu erkennen.

Daressalam/Exmoor, März 2012,
HÅKAN NESSER

Aus dem Schwedischen von Paul Berf

Shit happens

Es war Heiligabend. Wegen des wüsten Schneegestöbers ließ Burman seinen Wagen zu Hause stehen. Er brauchte fünfunddreißig Minuten, um sich zur Wache durchzukämpfen, und als er die Tür aufstieß, fiel ihm der Rat seines Vaters ein, er solle nie eine geistliche Laufbahn einschlagen. Nicht zum ersten Mal bereute er, diesem Rat nicht gefolgt zu sein.

Normale Menschen arbeiteten sechs Tage in der Woche und ruhten sich am siebten aus, hatte sein Vater gemeint. Bei Geistlichen sei es genau umgekehrt.

An diesem Tag hatte Lundmark Wachdienst. Er sah aus wie ein saurer Rülpser und schaute auf seine Armbanduhr.

»Du kommst zwanzig Minuten zu spät.«

»Verdammt, natürlich komm ich zu spät«, erwiderte Burman. »Draußen tobt ein Schneesturm.«

»Kann schon sein«, sagte Lundmark und faltete eine Zeitung mit einem halb gelösten Kreuzworträtsel zusammen. »Aber schon mal was vom Wetterbericht gehört?«

Burman trampelte sich den Schnee von den Stiefeln und beschloss, das Thema zu wechseln. Lundmark galt als dermaßen übellaunig, dass sogar die Fische in seinem Aquarium unter Depressionen litten, und wenn man ihm am Heiligen Abend zehn Minuten seiner Zeit stahl, dann musste man die Konsequenzen tragen.

»Ist noch mehr gekommen?«, fragte er, als er seinen Mantel ausgezogen hatte und Lundmark sich die Stiefel zuschnürte.

»Seit dem späten Abend nicht mehr«, sagte Lundmark. »Er hat um Viertel vor zwölf einen großen Haufen geschissen, sonst nichts. Das kannst du in meinem Bericht nachlesen.«

Burman seufzte und warf einen Blick durch die Gittertür. Ein Riese von Mann schlief auf einer Pritsche. Auf dem Tisch neben ihm lag ein Stapel Bücher. Auf dem Boden stand ein Nachttopf, das war alles.

»Honkkanen hat gesagt, du würdest mich informieren.«

Lundmark hatte seine Stiefel zugeschnürt und richtete sich auf. Schaute wieder auf die Uhr. »Zu Hause tischen wir um diese Zeit die Schinkenbrühe und den ersten Schnaps auf«, knurrte er und starrte seinen Kollegen wütend an.

»Herrgott«, entgegnete Burman. »Ich muss den ganzen Heiligen Abend hier verbringen, also sei jetzt nicht so verdammt sauer.«

»Fünf Minuten«, sagte Lundmark. »Und nicht eine Sekunde mehr.«

»Na, dann los. Warenhaus Doggman also?«

Es war fast unmöglich, länger als drei oder vier Minuten mit Lundmark zusammen zu sein. Es brachte nicht einmal etwas, es zu versuchen. Jetzt ließ er sich im Sessel zurücksinken, schob sich einen dicken Priem unter die Oberlippe und sah plötzlich sehr zufrieden aus. Als könne er kein Gespräch führen, ohne sich vorher als kompletter Arsch erwiesen zu haben.

»Es war um Viertel vor sechs«, sagte er. »Kurz vor Ladenschluss. Gestern, meine ich. Jede Menge Menschen, der Tag vor Heiligabend. Letzte Möglichkeit, Weihnachtsgeschenke zu kaufen und so … na ja, du weißt schon.«

Burman nickte und nahm sich auch einen Priem.

»Juwelen und Schmuck im dritten Stock, Diamanten und Edelmetall …«

»Das weiß ich«, sagte Burman. »Das hat mir der

Polizeichef auch schon gesagt. Und dann dieser Trottel ...«

»Ja, genau«, sagte Lundmark und nickte zur Arrestzelle hinüber. »Dieser Idiot.«

»Kresky?«

»Eugen Kresky, ja. Ich glaube, ich erlebe jetzt zum zwölften Mal, wie er hochgenommen wird. Ich kapier nicht, warum sie ihn überhaupt wieder rauslassen. Der gehört lebenslänglich hinter Gitter, das steht mal fest.«

Burman machte sich nie die Mühe, irgendwelche Ansichten über Justiz und Gerichtswesen zu verbreiten. Ansonsten gab er Lundmark recht. Eugen Kresky hatte in den vergangenen drei Jahrzehnten wohl keinem einzigen Menschen eine Freude gemacht.

Höchstens einmal vor zwei Jahren, als er beschlossen hatte, nach Stockholm überzusiedeln. Aber schon nach wenigen Monaten war er wieder aufgetaucht. Hatte wohl festgestellt, dass er zwischen den großen Haien der Hauptstadtunterwelt fehl am Platze war – das konnte man jedenfalls annehmen.

»Was also hat er gemacht? Juwelen gefressen, hat Honkkanen gesagt?«

»Genau«, sagte Lundmark. »Dieser Arsch hatte

sich als Weihnachtsmann verkleidet, es waren schon zwei andere ack... acker...«

»Akkreditiert?«, schlug Burman vor.

»Genau. Ackeritiert. Weihnachtsmänner, die sie angeheuert hatten, um sich um quengelnde Gören zu kümmern, Apfelsinen zu verteilen, und was weiß ich nicht alles. Aber Eugen Kresky war ein falscher Weihnachtsmann. Und es ist verdammt noch mal unmöglich, einen echten Weihnachtsmann von einem falschen zu unterscheiden.«

»Sehr schwer«, stimmte Burman zu.

»Na, er taucht also um Viertel vor sechs vor diesem Schmuckstand auf. Da stehen vier oder fünf Kunden, und alle wollen für ihre Weibsen irgendwelches Glitzerzeug kaufen, ist also alles ziemlich stressig. So stressig, dass die Angestellten nicht den richtigen Überblick haben wie sonst... das behaupten sie jedenfalls. Kommst du noch mit?«

»Ja, sicher«, bestätigte Burman.

»Und sie haben also die Schublade geöffnet.«

»Die Schublade?«

»Die Schublade mit den Kronjuwelen. Brillantringe, Diamantohrringe und solcher Jux.«

»Alles klar«, sagte Burman.

»Die ist normalerweise geschlossen. Sie wird geöffnet, und dann nimmt man immer nur ein

Teil heraus. Schließt sie jedes Mal wieder ab. Die kosten das Weiße im Auge, diese Dinger, kleine Scheißrubine und Brillanten … fünfundzwanzigtausend, fünfzigtausend, in der Klasse.«

»Alles klar«, wiederholte Burman.

Lundmark drehte seinen Priem um und nickte nachdenklich.

»Und dann kommt also dieser Scheißweihnachtsmann alias Eugen Kresky, drängt sich zwischen den Herren durch, die sich in letzter Sekunde noch Ohrringe für ihre Alte aussuchen, tritt vor den Tresen, greift mit seinen Pranken in die Schublade und stopft sich das Maul damit voll.«

»Das Maul?«

»Aber hallo. Ringe und das ganze Gedöns. In den Mund und dann runtergeschluckt, einfach so. Der trägt so eine moderne Weihnachtsmannmaske, die unter dem Bart den Mund freilässt. Das Personal greift natürlich ein, aber trotzdem kann er so allerlei in sich reindrücken. Ja, und dann rennt er aufs Klo. Das liegt gleich um die Ecke, und er hat ja Frau Elvefjäll an den Hacken …«

»Frau Elvefjäll?«

»Doris Elvefjäll, ja. Die Abteilungsleiterin. Patente Frau. Sie kommt nur einige Sekunden nach dem Weihnachtsmann zum Klo, behauptet sie. Und da steht er und grinst.«

»Grinst? Ist das durch den Bart denn wirklich zu sehen … wenn das so ein moderner ist?«

»Mein Fehler. Er hatte die Maske abgenommen, und deshalb konnte sie sehen, dass er grinste. Und dass es Eugen Kresky war. Das sahen übrigens auch die anderen … ja, ein Kaufhausdetektiv und Lindman von der Herrenkonfektion erreichten kurz nach Frau Elvefjäll die Toilette. Und dann kamen noch allerlei andere dazu. Aber das steht in meinem Bericht hier, ich begreife wirklich nicht, warum ich dir das am Heiligen Abend alles auch noch persönlich erklären muss.«

Er schaute auf die Uhr, erhob sich und nahm seine dunkelblaue Daunenjacke von einem Haken an der Wand.

»Wie viel hatte er denn runterschlucken können?«

Lundmark streifte die Jacke über.

»Acht Ringe und vierzehn Ohrgehänge. Insgesamt zu einem Wert von vierhundertneunzigtausend.«

»Vierhundertneunzigtausend?«

»Das hast du ja gerade gehört.«

»Ringe und Ohrgehänge?«

»Und auch eine kleine Scheißbrosche.«

»Und das war also … das war also auf irgendeine Weise geplant?«

»Offenbar.«

»Und er hat nur gegrinst, als ihr ihn festgenommen habt?«

»Genau. Nahm die Maske ab und grinste und fragte, was das denn sollte. ›Du hast doch jede Menge Glitzerkram gefressen, du mieser Schurke‹, sagte Lindman zu ihm. Und weißt du, was er darauf geantwortet hat?«

»Nein.«

»›Ich weiß wirklich nicht, wovon du redest. Ich soll Glitzerkram gefressen haben?‹«

»Er hat es geleugnet?«

»Aber sicher. Wir haben ein Dutzend Zeugen dafür, dass er den Nippes geschluckt hat, und dann leugnet dieser Obertrottel. ›Ich bin so unschuldig wie eine Braut‹, sagt er da doch glatt. ›Da erlaubt man sich einen harmlosen Scherz, und schon soll man verhaftet werden.‹«

»War er nüchtern?«

»Ziemlich nüchtern offenbar.«

»Hm.« Burman setzte sich an den Tisch und schaute durch die Gittertür. »Dieser Blödmann hat also Schmuck für eine halbe Million im Gedärm.«

Lundmark nickte und setzte seine Mütze auf.

»Ist er geröntgt worden?«

Lundmark schüttelte den Kopf.

»Honkkanen fand das nicht nötig. Die haben im Krankenhaus anscheinend gerade irgendwelchen Ärger mit den Röntgengeräten, und man konnte ja wohl auch nicht verlangen, ihn aufzuschneiden und die Klunker rauszufischen. Nein, alles soll den normalen Gang gehen. Und deshalb sitzt du hier.«

Burman seufzte. »Ja, das hab ich schon begriffen. Am Heiligen Abend auf der Wache sitzen und darauf warten, dass Eugen Kresky kackt.«

»So ist das Leben«, sagte Lundmark und zuckte mit den Schultern. »Honkkanen wollte ihm ein Abführmittel geben, aber der Staatsanwalt war aus ethischen Gründen dagegen. Würde vom Gericht auch nicht anerkannt werden, wenn wir uns auf diese Weise Beweismaterial verschafften.«

»Alles klar«, sagte Burman. »Und in der ersten Ladung war also nichts zu finden?«

»Nicht mal das kleinste Perlchen«, sagte Lundmark. »Aber kannst du nicht ein wenig Rücksicht zeigen und daran denken, dass ich zum Weihnachtsschmaus nach Hause will?«

»Entschuldigung«, sagte Burman. »Mach, dass du fortkommst.«

»Fröhliche Weihnachten«, sagte Lundmark. Zog die Kapuze hoch und verschwand im Schneegestöber.

Auf dem Tisch lagen Polizeichef Honkkanens Anweisungen. Sie waren so deutlich wie immer. Honkkanen war für seine Deutlichkeit bekannt. Seine Deutlichkeit und seine Derbheit.

Punkt 1: Der Verdächtige hat in der Zelle zu bleiben, bis er das Diebesgut von sich gegeben hat.

Punkt 2: Er muss sein kleines Bedürfnis im an der Wand angeschraubten Waschbecken verrichten.

Punkt 3: Er muss sein großes Bedürfnis in dem blauen Nachttopf verrichten.

Punkt 4: Nach Erledigung des großen Bedürfnisses muss der Diensthabende selbiges augenblicklich untersuchen und Unterzeichnendem telefonisch Meldung machen.

Unterzeichnet: Veikko Honkkanen, Polizeichef.

Unter dem Namenszug kam noch ein PS: Sorgt dafür, dass er ordentlich isst und viel Kaffee trinkt.

Es gab auch einen Dienstplan. Burman hatte von zwölf Uhr mittags Heiligabend bis zwölf Uhr am ersten Weihnachtstag Dienst. Falls bis dahin nicht alles Diebesgut ausgeschieden wäre, müsste Anwärter Bengtsson die Wache übernehmen.

Burman seufzte. Schaute auf die Uhr. Es war fünf Minuten nach halb eins. Vor ihm lagen noch dreiundzwanzig Stunden und fünfundzwanzig Minuten. Eugen Kresky in seiner Zelle schnarchte. Burman verstaute seine Butterbrote im Kühlschrank, zog seine Karten hervor und legte die Idiotenpatience.

Um Viertel nach eins wurde Eugen Kresky wach.

»Hohojaja, ja verdammte Axt«, sagte er und setzte sich auf der Pritsche auf. »Hatten wir Wachablösung, oder was?«

»Ganz genau«, sagte Burman.

»Und du heißt Burman?«

»Noch ein Volltreffer«, sagte Burman.

»Die Ironie solltest du dir aber abschminken«, sagte Kresky. »Denk daran, heute ist Heiligabend, und wir sitzen im selben Boot.«

»Im selben Boot?«, fragte Burman. »Zum Teufel, Mann. Du sitzt im Knast, und ich sitze hier und bewache dich.«

Kresky schaute sich um und breitete die Arme aus. »Ich seh da keinen größeren Unterschied. Unverschuldet sitzen wir beide hier und nicht zu Hause bei unseren Lieben.«

»Du Schafskopf«, sagte Burman. »Du hast Juwelen für eine halbe Million gefressen. Wenn du nicht wärst, könnte ich zu Hause bei meiner Frau und den Kindern sein.«

»Das tut mir echt leid«, sagte Kresky. »Aber ich bin unschuldig wie eine Braut. Es kann ja sein, dass man auf seiner mühseligen Wanderung durch das irdische Jammertal dieses oder jenes angestellt hat, aber diesmal hat die Obrigkeit sich einen Übergriff erlaubt.«

Er rülpste und steckte sich eine Zigarette an. »Eine Tasse Kaffee könnte mir jetzt guttun«, fügte er mit schiefem Grinsen hinzu. »Dann kann man doch angeblich besser … ja, aber wir sollten hier nicht über Scheiße reden.«

Burman schnaubte. Ging zur Kaffeemaschine, füllte eine Tasse und schob sie zwischen den Gittern der Tür hindurch. Kresky nahm sie und setzte sich wieder auf seine Pritsche.

»Wie kannst du überhaupt leugnen?«, fragte Burman. »Du bist doch von zehn Zeugen gesehen worden.«

Kresky trank einen Schluck und zog an seiner Zigarette.

»Ich begreif ja nicht, wie so viele Leute sich so irren können«, sagte er. »Da steigt man in sein Weihnachtsmannkostüm und geht los, um zu Weihnachten Menschenliebe und Freude zu verbreiten, und dann …«

Er schüttelte den Kopf und verzog nachdenklich das Gesicht.

»Und dann?«, fragte Burman.

»Dann geht man aufs Klo, um in Ruhe und Frieden sein Wasser abzuschlagen, und dann kommt ihr angestürmt und nehmt einen fest. Da kommt keine Freude auf, das kann ich dir sagen.«

»Jetzt übertreib mal nicht«, sagte Burman. »Ich kenne dich, Kresky. Hattest du dich vorher schon lange in dem Warenhaus herumgetrieben?«

»Eine Stunde vielleicht, hab versucht, in aller Bescheidenheit ein wenig Stimmung und Freude zu schaffen. Aber was kriegt man schon dafür?«

Burman seufzte und widmete sich wieder seiner Patience. Nach fünfundzwanzig erfolglosen Versuchen mit dem Idioten war er zur Harfe übergewechselt. Das hier war sein vierter Versuch. Er ging nicht auf. Er fegte die Karten zusammen und warf abermals einen Blick in die Zelle. Kresky lag jetzt wieder auf dem Rücken.

»Hast du Hunger?«, fragte Burman.

»Was steht denn auf der Speisekarte?«

Burman schaute auf eine weitere Liste. »Heringsauflauf und Frikadellen«, teilte er mit und merkte, wie ihm ein wenig übel wurde. Na ja, dachte er, immerhin keine braunen Bohnen mit Speck.

»Ich glaube, wir warten noch eine Stunde«, sagte Kresky. »Ja, und stell dir vor, auch in diesem Jahr ist wieder der Heilige Abend gekommen. Es wird einem doch ein wenig warm ums Herz, wenn man an das Jesuskind und die vielen Notleidenden auf der Welt denkt. Mir geht es wenigstens so. Ihr habt ja offenbar hier auf der Wache keine Krippe?«

Halt die Klappe, du Blödmann, dachte Burman, aber das dachte er wirklich nur.

Um zwei Uhr nahm Eugen Kresky Heringsauflauf und Frikadellen zu sich, nachdem Burman alles in der Mikrowelle warm gemacht hatte. Er verlangte außerdem ein Bier, wo doch Heiligabend war, aber ein Apfelsaft musste reichen.

Um halb drei rief Burman zu Hause an und wünschte in aller Förmlichkeit allen, Gattin und Kindern, Brüdern und Schwägerinnen, Eltern und Schwiegereltern, wunderschöne Weihnachten, und eine Minute vor drei schaltete er den Fernseher der Wache ein, um sich Donald Duck anzusehen. Als der Stier Ferdinand an die Reihe kam, bat Eugen Kresky darum, den Apparat so zu drehen, dass auch er etwas sehen könne. Burman tat ihm den Gefallen, und nach der Sendung erklärte Kresky, er müsse ein Geschäft verrichten.

»Das große oder das kleinere?«, fragte Burman.

»Ich fürchte, es handelt sich um das große«, erklärte Kresky.

Burman schaltete den Fernseher aus, um alle Störungen zu vermeiden. Kresky ließ seine abgewetzte Cordhose sinken und machte es sich auf dem Topf gemütlich. Burman schloss die Augen und dachte an seine Zeit auf der Polizeischule vor fünfundzwanzig Jahren. Er konnte sich nicht daran erinnern, dass der Unterricht Situationen wie diese gestreift hatte. Als Kresky fertig war, bedeckte er das Ergebnis mit einer vom Polizeichef zur Feier des Tages bereitgestellten dünnen grünen Decke und reichte den Topf durch die Essensluke.

»Bitte sehr«, sagte er mit freundlichem Lächeln. »Ein schlichtes kleines Weihnachtsgeschenk. Na, ich glaube, ich hau mich noch ein Weilchen aufs Ohr. Aber du könntest mich vielleicht wecken, wenn Karl-Bertil Jonsson anfängt. Wenn ich kann, sehe ich mir den immer an … den Reichen nehmen und den Armen geben …«

Burman nahm den Topf entgegen und merkte, wie seine Kiefer knackten, so fest hatte er die Zähne zusammengebissen. Er zog die oberste

Schreibtischschublade auf und nahm die vom Polizeichef zu diesem Zweck bereitgestellten dünnen blauen Gummihandschuhe heraus. Burman erkannte das Modell. Es war die gleiche Sorte, die seine Frau im Winter zum Spülen benutzte. Nicht im Sommer, nur im Winter, wenn sie diese Allergie hatte.

Eine Viertelstunde später rief er Honkkanen an.

»Na?«, fragte Honkkanen.

»Ich möchte hiermit berichten, dass Eugen Kresky abermals geschissen hat«, sagte Burman.

»Und?«

»Negativ.«

»Nicht ein einziges kleines Perlchen?«

»Nichts«, sagte Burman.

Am anderen Ende war fünf Sekunden lang alles still. Honkkanen atmete schwer, es war zu hören, dass er beim Weihnachtsschmaus schon eifrig gebechert hatte.

»Hast du alles genau untersucht?«, fragte er dann.

»Geradezu scheißgenau«, sagte Burman.

»Hm«, sagte Honkkanen und dachte abermals eine Weile nach. »Das hat nichts zu bedeuten«, sagte er dann. »Doktor Mannström sagt, es könne drei, vier Tage dauern.«

»Und wie lange dürfen wir ihn festhalten?«, fragte Burman.

»Achtundvierzig Stunden«, sagte der Polizeichef. »Aber wenn bis morgen nichts gekommen ist, dann wird er geröntgt, der Apparat funktioniert jetzt wieder.«

Morgen Abend, dachte Burman und schaute aus dem Fenster. Der Schnee wirbelte draußen in der Dunkelheit immer wilder umher. In seiner Zelle schnarchte Eugen Kresky jetzt wieder. Burman seufzte und ging sich die Hände waschen. Es war das vierte Mal. Danach griff er erneut zu den Karten.

Die Kerkerpatience, dachte er. Ich versuch's mit der Kerkerpatience.

Burmans Frau und seine jüngste Tochter brachten ihm gegen acht Uhr, wie verabredet, ein Weihnachtsgeschenk und ein paar Leckereien.

»Draußen schneit's wie verrückt«, erzählte die Tochter. »Wir mussten das Schneemobil nehmen.«

»So ist es eben«, sagte Burman.

»Fröhliche Weihnachten«, rief Eugen Kresky. »Es ist eine Gnade für zwei einsame Seelen, gerade am Heiligen Abend Damenbesuch empfangen zu dürfen. Man ist zwar unschuldig wie eine Braut, doch man will sich nicht beklagen. Die Würfel des Schicksals fallen eben immer anders.«

»Wir haben auch für Kresky ein Stück Schinken mitgebracht«, teilte Burmans Frau mit.

»Was zum Teufel …«, sagte Burman.

»Du darfst am Heiligen Abend nicht fluchen«, sagte seine Tochter.

»Man dankt demütigst«, sagte Kresky.

»Es ist ja schließlich Weihnachten«, sagte Burmans Frau.

»Jaja«, sagte Burman.

»Hast du Donald Duck gesehen?«, fragte die Tochter.

»Sicher«, sagte Burman.

»Und Karl-Bertil?«

»Natürlich«, sagte Kresky.

Die Tochter wandte sich um und wechselte einen Blick mit ihrer Mutter.

»Wir müssen jetzt machen, dass wir nach Hause kommen«, sagte sie. »Wir wollen Scrabble spielen und Nüsse knacken.«

»Sicher, sicher«, sagte Burman. »Fahrt vorsichtig, wir sehen uns morgen.«

»Man dankt und verbeugt sich und wünscht fröhliche Weihnachten«, fügte Eugen Kresky in seiner Zelle hinzu.

»Ein Punsch und ein Pils könnten die Verdauung sicher beschleunigen«, merkte er an, als die Besucherinnen die Tür hinter sich geschlossen hatten. Burman stellte sich taub, legte die Karten weg und öffnete das Päckchen mit seinem Weihnachtsbuch.

Ich geb ihm nichts mehr zu essen, dachte er. Soll Bengtsson morgen die nächste Ladung übernehmen, ich halt das einfach nicht mehr aus.

Und ohne eigentlich darüber nachzudenken, was er tat, faltete er die Hände und bat Gott, in Eugen Kreskys Gedärm für eine ordentliche Verstopfung zu sorgen.

Danach schämte er sich und hoffte, dass es im Grunde doch keinen Gott gab. Denn wenn es einen gab, dann verschaffte es sicher keine Pluspunkte, wenn man Ihn erst ein Leben lang ignorierte und Ihn dann um solchen Scheiß anflehte.

Er war noch immer nicht sonderlich müde, doch nachdem die Mitternachtsmette aus Rom übertragen worden war, schaltete Burman den Fernseher aus und löschte das Licht. Kresky dagegen ließ in der Zelle seine kleine Leselampe brennen und erklärte, er wolle vor dem Einschlafen noch ein paar Seiten erbauliche Literatur lesen.

Mach, was du willst, wenn du nur nicht musst, dachte Burman.

»Ich hab ein wenig Hunger«, sagte Kresky. »Wie wäre es mit …«

»Du kriegst morgen früh was zu essen«, erklärte Burman energisch. »Gute Nacht.«

»Hab ich schon mal erzählt, wie ich eine Million gewonnen habe?«, fragte Kresky, als die Uhr am ersten Weihnachtstag zehn zeigte und sie das Frühstück beendet hatten.

»Wenn du meinst, wie du eine gestohlen hast, dann habe ich davon gehört«, sagte Burman.

»Gewonnen«, sagte Kresky. »Ich habe gewonnen gesagt. Ich war auch damals rein wie Schnee, aber manchmal hat man die Umstände einfach gegen sich.«

»Heute geht's zum Röntgen.« Burman wechselte das Thema und bereute es sofort. Denn diese Nachricht würde bei Kresky sicher den Betrieb in Gang bringen.

Aber dem schien das keine Sorge zu machen.

»Wirklich?«, fragte er nur. »Ja, je eher ich reingewaschen werde, umso besser.«

»Bist du wirklich so blöd, dass du ernsthaft glaubst, das zu überstehen?«

Kresky zeigte eine Miene des äußersten Erstaunens.

»Überstehen? Natürlich werde ich das überstehen. Wenn man unschuldig ist, dann ist man eben unschuldig. Die Leute urteilen immer viel zu voreilig.«

»Du meinst also, dass zehn Menschen sich geirrt haben? Dass zehn Zeugen, die sich drei Meter vom Verbrechen entfernt aufgehalten haben, allesamt und unab… unab… wie sagt man da noch?«

»Unabhängig voneinander«, sagte Kresky.

»Genau. Unabhängig voneinander dieselbe Geschichte erzählen? Und sich dabei irren? Findest du nicht auch, dass das ein kleines bisschen unwahrscheinlich klingt?«

»Die Wege des Herrn sind unergründlich«, sagte Kresky und lächelte geheimnisvoll.

Burman gab auf und schüttelte den Kopf. Und wenn die Klunker rauskommen, was wird er dann sagen?, überlegte er. Huch, wo in aller Welt kommen die denn her? Will er wirklich zu einer dermaßen bescheuerten Taktik greifen? Oder hatte er einfach ein Dach überm Kopf gebraucht?

Scheißegal, entschied Burman und schaute aus dem Fenster. Es schneite seit den frühen Morgenstunden nicht mehr, aber die Schneepflüge waren noch immer an der Arbeit. Und der Gottesdienst war zu Ende, er hörte überall die Glocken läuten.

Noch zwei Stunden, stellte er fest. Kneif bloß den Hintern zu, Alter.

Aber schon um elf rief Honkkanen an und erklärte, sie hätten die Strategie geändert und seien mit der Röntgenausrüstung unterwegs.

»Hierher?«, fragte Burman. »Soll er hier geröntgt werden?«

»So haben wir entschieden«, sagte Honkkanen. »Um ihn ins Krankenhaus zu bringen, wären größere Sicherheitsvorkehrungen vonnöten.«

Der spinnt doch, dachte Burman. Der also auch. Sicherheitsvorkehrungen?

Sie trafen zehn Minuten später ein.

»Ich übernehme das Kommando«, sagte Honkkanen. »Du kannst nach Hause gehen, wenn du willst.«

Burman überlegte kurz. Aber verdammt, dachte er. Ich habe den ganzen Heiligen Abend und die ganze Weihnachtsnacht mit diesem Idioten verbracht, jetzt will ich auch die Auflösung miterleben.

»Ich bleibe«, sagte er.

»Nein, da haben wir ja den Polizeichef!«, rief

Kresky. »Das ist ebenso überraschend wie angenehm, wie der Pastor sagte, als er in den Himmel kam. Fröhliche Weihnachten.«

Honkkanen gab keine Antwort.

»Und wer sind die anderen Herren?«

»Halt den Mund«, sagte Honkkanen. »Und du kannst bis auf die Unterhose alles ausziehen.«

»Aber gern doch«, sagte Kresky. »Man soll sich nicht dessen schämen, was man hat, wie die Mädchen sagen.«

Zwei rothaarige Röntgenassistenten bauten unter Honkkanens düsteren Blicken den Apparat auf. Tarierten aus, stöpselten Stecker ein. Burman trank eine Tasse Kaffee und hielt sich im Hintergrund. Das Ganze dauerte eine Weile, deshalb fragte er schließlich:

»Warum habt ihr die Strategie geändert?«

Honkkanen starrte ihn wütend an. Seine Augen waren ungewöhnlich schmal, und Burman ging auf, dass der andere verkatert war.

»Der Staatsanwalt«, sagte er. »Diese Schwuchtel will ihn laufen lassen, wenn wir nicht zuerst röntgen.«

»Verstehe«, sagte Burman.

»Jetzt sind wir so weit«, sagte der eine rothaarige Röntgenassistent.

»Alles starklar«, sagte der andere.

»Worauf warten wir dann noch, zum Teufel?«, fragte Honkkanen und leerte ein Glas Wasser auf einen einzigen Zug.

Es ging schnell. Obwohl Eugen Kreskys Magen und Eugen Kreskys Gedärm nicht weniger als viermal durchleuchtet wurden, lag nach fünf Minuten das Ergebnis vor.

»Nichts«, sagte der eine Assistent.

»Nicht die geringste Spur«, sagte der andere.

»Verdammt«, sagte Honkkanen. »Und dieser Scheißapparat ist angeblich zuverlässig?«

»Dafür können wir garantieren«, sagte Nr. 1 und fing an, die Stöpsel herauszuziehen.

»In Magen oder Darm dieses Mannes befindet sich garantiert nichts aus Metall«, sagte Nr. 2.

Eugen Kresky zog sich wieder an und nickte allen Anwesenden freundlich zu.

»Ein Triumph für die Wahrheit und die Wissenschaft«, sagte er.

»Verdammt«, sagte der Polizeichef. »Wie ist das denn bloß zugegangen?«

»Vielleicht könnte man jetzt seine Freiheit wiedererlangen?«, regte Kresky an. »Jetzt, wo das Kartenhaus eingestürzt ist?«

»Immer mit der Ruhe«, sagte Honkkanen. »Das müssen wir uns erst mal überlegen.«

»Na, von mir aus«, sagte Kresky. »Ja, ich habe es zufällig gerade nicht eilig, aber wenn man vielleicht noch eine Tasse Kaffee haben könnte …«

Honkkanen nickte Burman zu, und der ging zur Kaffeemaschine, Kresky bekam seine Tasse und wurde wieder eingeschlossen. Die Röntgenassistenten packten ihre Ausrüstung zusammen und verschwanden.

»Gehen wir zu mir«, sagte Honkkanen. Burman nahm sich auch eine Tasse Kaffee – seine fünfte an diesem Tag – und folgte ihm.

»Das ist ein Rätsel«, sagte Honkkanen und fischte ein Bier aus seinem privaten Kühlschrank mit fünfzig Liter Fassungsvermögen. »Ein Scheißteufelsrätsel.«

»Ich stimme zu, dass es ein wenig eigentümlich ist«, sagte Burman.

»Ein wenig eigentümlich«, schnaubte Honkkanen und ließ sich in seinen Schreibtischsessel sinken. »Sag mir, was zum Henker da passiert ist, und du kriegst einen Tag frei.«

Es gab noch ein Drittes, neben Deutlichkeit und

Derbheit, wofür Honkkanen bekannt war, er war furchtbar geizig.

Burman setzte sich seinem Chef gegenüber und dachte nach.

»Es kann gar keinen Zweifel daran geben, dass wirklich er die Klunker geschluckt hat?«, fragte er.

»No doubt«, sagte Honkkanen. »Er hat sie sich nicht in den Bart oder in die Wangen oder sonst wohin gesteckt. Mindestens fünf Zeugen haben gesehen, dass er den Kram wirklich geschluckt hat. Zum Teufel.«

»Okay«, sagte Burman. »Und dann läuft er also aufs Klo. Er kann den Kram nicht ausgespuckt und da irgendwo versteckt haben?«

»Nie im Leben«, fiel Honkkanen ihm ins Wort. »Frau Elvefjäll sagt doch, sie habe die Tür, weniger als fünf Sekunden nachdem er dort verschwunden war, bereits wieder aufgerissen. Und wir haben jeden einzelnen verdammten Millimeter auf dieser Toilette untersucht. Auch in den Klos.«

Burman schaute zur Decke hoch und versuchte intensiv nachzudenken.

»Und er kann auch nicht mit Frau Elvefjäll gemeinsame Sache gemacht haben?«

Honkkanen starrte ihn an, als habe er soeben beschlossen, ihn zu feuern. »Solchen Schwachsinn habe ich ja seit zehn Jahren nicht mehr gehört. Wie sollte das denn wohl gehen? Ich habe ja gesagt, dass er den Kram verschluckt hat. Meinst du vielleicht, er hat ihn dann ausgespuckt und ihr in einer Tüte überreicht, oder was? Und hinter der Elvefjällschen kam doch noch eine ganze Menschenmenge. Reiß dich zusammen, Bulle.«

»Entschuldigung«, sagte Burman. »Und was glaubt der Chef selber?«

Honkkanen schwieg und nagte ziemlich lange an seiner Unterlippe. Dann leerte er sein Bier.

»Verflucht«, sagte er. »Du bist ja nicht gerade eine große Hilfe, Burman.«

Burman schaute auf die Uhr. Inzwischen war es schon zwölf.

»Jetzt müsste eigentlich der junge Bengtsson hier sein«, sagte er. »Der Chef könnte vielleicht mit dessen jüngerem und wacherem Gehirn noch einen Versuch machen?«

Honkkanen rülpste in seine Armbeuge und ließ sich im ächzenden Schreibtischsessel zurücksinken.

»Na gut«, sagte er. »Schick mir Bengtsson und mach, dass du fortkommst. Und nimm diesen verdammten Kresky mit, ich kann seinen Anblick nicht mehr ertragen.«

»Lassen wir ihn frei?«, fragte Burman und erhob sich. »Echt?«

»Ja, Scheiße, klar lassen wir ihn frei«, fauchte Honkkanen. »Die Beweislage hat sich verändert, und du glaubst ja wohl nicht, dass er sich aus der Stadt hier verpissen will?«

Burman nickte und überließ den Polizeichef seinen düsteren Überlegungen.

Bengtsson war wirklich schon eingetroffen. Er sah so jung und rosig aus wie immer. Burman erklärte kurz, was Sache war, der Dienstanwärter rückte seinen Schlipsknoten gerade und verschwand im Zimmer des Chefs. Burman schob sich einen Priem unter die Oberlippe und schloss die Zellentür auf.

»Du kannst jetzt rauskommen«, sagte er.

»Ei der Daus«, sagte Eugen Kresky. »Stimmt das auch wirklich? Ich muss bald aufs Klo, ihr wollt nicht zufällig das Ergeb…«

»Schnauze«, sagte Burman. »Los jetzt, ich will auch weg hier.«

Eine Minute später standen sie draußen auf der Straße. Eine bleiche Sonne hing über dem flachen Dach des Warenhauses Doggman, es war windstill, und die Temperatur lag bei zehn Grad minus.

»Frische Luft tut gut«, erklärte Eugen Kresky und zog sich die Wollmütze über die Ohren. »In welche Richtung musst du?«

Burman nickte zum Fluss hinunter.

»Dann können wir ein Stück zusammen gehen.«

Burman zögerte. Dann zuckte er mit den Schultern, und sie gingen durch die frisch vom Schnee befreite Storgata. Als sie bei der Missionskirche um die Ecke bogen, blieb Kresky plötzlich stehen und zeigte quer über die Straße.

»Na, Scheiße, so was, da sitzt ja mein Bruder!«

Burman schaute in die angewiesene Richtung. An einem Fenstertisch in der Konditorei Svea saß ein grobschlächtiger Mann mit einer Tasse Kaffee und einer Zeitung.

»Ich wusste nicht, dass du einen Bruder hast.«

»Sicher hab ich einen. Wir sind nur lange Zeit getrennte Wege gegangen. Aber auf unsere alten Tage haben wir nun wieder zusammengefunden.«

»Wohnt er hier in der Stadt?«

»Aber sicher. Er ist gerade zum ersten Advent bei mir eingezogen. Ein bisschen Gesellschaft tut immer gut, und Blut ist ja dicker als Wasser. Dass wir nun nicht zusammen Heiligabend feiern konnten, war natürlich eine kleine Enttäuschung.

Du, hör mal, ich glaube, ich lasse dich hier stehen und gehe zu Boris hinein.«

»Boris? Er heißt also Boris?«

»Nach dem großen Bakunin, ja. Fröhliche Weihnachten, Sheriff, ist ja traurig, dass ihr diesmal eine Niete gezogen habt, aber so was kommt vor in der großen Lotterie des Lebens.«

Leck mich, dachte Burman, als er Eugen Kresky in der Konditorei verschwinden sah, und er war noch keine fünf Schritte weitergekommen, als er sah, wie die Brüder einander umarmten. Sie schlugen einander auf den Rücken und schienen sich aus irgendeinem Grund ausschütten zu wollen vor Lachen. Klopften sich auf die Schenkel und knallten die Fäuste auf den Tisch, und plötzlich … noch ehe er weitere fünf Schritte hinter sich gebracht hatte, hatte Burman alles durchschaut.

So verdammt einfach, dachte er.

Aber dann ging er weiter.

So überaus ungeheuer simpel.

Aber er wurde nicht langsamer. Seine Beine schienen ganz von selbst zu gehen.

So war das also. Auf dem Klo hatte bereits ein Weihnachtsmann gestanden, als Eugen Kresky hereingekommen war … nein, falsch, nicht Eugen Kresky war hereingekommen, sondern sein Bruder, Boris Kresky, der die ganzen Klunker verspeist hatte und der dann auf die Toilette gestürzt war und … der dann in einer Zelle verschwunden war und die Tür hinter sich zugezogen hatte.

Und wer dort gestanden und Frau Elvefjäll und die anderen empfangen hatte – das war Eugen Kresky gewesen, während Boris Kresky in aller Ruhe in der Zelle sein Kostüm ablegte, es in eine Plastiktüte oder Tasche stopfte, die Tür öffnete und sich ins Gewühl mischte …

Ja, verdammt, dachte Burman. So war das gewesen. Vierhundertneunzigtausend Reichstaler. Nicht schlecht. Und als Betriebskosten zwei Weihnachtsmannkostüme.

Aber er ging immer weiter.

Ich kann Honkkanen von zu Hause aus anrufen und alles erzählen, dachte er. Aber ich kann auch …

Auf der Brücke über den Fluss blieb er stehen und schaute über die weiße Landschaft. Sie war schön. Kalt und großartig und schön. Und während er dort stand, fasste er seinen Entschluss.

Das fiel ihm gar nicht so schwer. Er konnte sich ja vorstellen, welche Belohnung er von Honkkanen zu erwarten hatte. Genau.

Und hatte man erst eine ganze Weihnachtsnacht hindurch gewartet, dass Eugen Kresky endlich scheißen möge, dann brannte man nicht darauf, auf seinen Bruder noch einmal so lange zu warten. Das lag sozusagen in der Natur der Sache.

Blaue Gummihandschuhe, pfui Teufel, dachte Burman.

Nein, da kam es ihm doch sinnvoller vor, sich mal ein wenig mit den Brüdern zu unterhalten. Auch wenn die vielleicht nicht unbedingt durch drei teilen wollten. Ein Fünftel könnte er doch sicher verlangen. Hunderttausend auf die Hand.

Ganz schön viel Geld im Moment, dachte Burman. Und diese Doggmans, die haben doch genug. Mehr als genug.

Aus dem Schwedischen von Gabriele Haefs

Håkan Nesser
&
Henning Mankell

Eine unwahrscheinliche Begegnung

❄

Plötzlich ging Wallander auf, dass er nicht mehr wusste, wo er war. Warum war sie nicht lieber nach Ystad gekommen?

Auf der Autobahn irgendwo im Norden von Kassel hatte er sich schon gefragt, ob er überhaupt noch weiterfahren sollte. Es hatte sehr heftig geschneit. Ihm war bereits klar, dass er zu dem Treffen mit seiner Tochter Linda zu spät kommen würde. Warum hatte sie eigentlich Weihnachten irgendwo mitten in Europa feiern wollen?

Er schaltete die Innenraumbeleuchtung seines Autos ein und nahm die Karte hervor. Vor ihm lag die Straße öde im Scheinwerferlicht. Hatte er sich verfahren? Um ihn herum war alles dunkel. Er fürchtete plötzlich, die Weihnachtsnacht im Auto verbringen zu müssen. Er würde über diese europäischen Straßen irren und Linda niemals finden.

Er suchte auf der Karte. War er überhaupt irgendwo? Oder hatte er eine unsichtbare Grenze überschritten und war in ein Land geraten, das es gar nicht gab? Er legte die Karte beiseite und fuhr weiter. Das Schneegestöber hatte sich ganz plötzlich gelegt. Nach zwanzig Kilometern hielt er an einer Kreuzung. Er las die Schilder und kramte wieder die Karte hervor. Nichts. Er würde jemanden nach dem Weg fragen müssen. Er bog in die Richtung ab, in der sich die nächstgelegene Siedlung befinden sollte.

Die Ortschaft war nicht größer, als er erwartet hatte. Aber die Straßen waren wie ausgestorben. Wallander hielt vor einem Restaurant, das offen zu sein schien. Er schloss den Wagen ab und merkte, dass er Hunger hatte. Er betrat ein dunkles Lokal und atmete ein Europa ein, das es kaum noch gab. Stillstehende Zeit, starker, schaler Zigarrengeruch. Hirschgeweihe und Wappen gaben sich an den braunen Wänden ein Stelldichein mit Bierreklamen. Ein Tresen, ebenfalls braun, ohne Gäste, dunkle Nischen, ungefähr wie Boxen in einem Kuhstall. An den Tischen Schatten, die sich über ihre Biergläser krümmten. Im Hintergrund war Musik zu hören. Weihnachtslieder. »Stille Nacht«. Wallander schaute sich um, konnte aber keinen freien Tisch finden. Ein Glas Bier, dachte er. Und dann eine vernünftige Beschreibung, wie ich fahren soll. Danach Linda anrufen. Und sagen, ob ich heute Abend noch komme oder nicht.

In einer Nische saß ein einsamer Mann. Wallander zögerte. Dann fasste er einen Entschluss. Er trat vor und zeigte auf den freien Stuhl. Der Mann nickte.

Wallander setzte sich.

Sein Gegenüber hatte einen Teller vor sich stehen. Ein alter Kellner mit traurigem Gesicht trat an den Tisch. Gulasch? Wallander zeigte auf Teller und Bierglas. Dann wartete er. Der Mann ihm gegenüber aß mit langsamen Bewegungen. Wallander dachte, er könne ja immerhin den Versuch machen, ein Gespräch in die Wege zu leiten. Nach dem Weg fragen, danach, wo er hier überhaupt war. Als der Mann seinen Teller zurückschob, nutzte er die Gelegenheit.

»Ich möchte ja nicht stören«, sagte Wallander. »Aber sprechen Sie Englisch?«

Der Mann nickte abwartend.

»Ich habe mich verfahren«, sagte Wallander. »Ich bin Schwede, ich bin bei der Polizei, ich wollte mit meiner Tochter Weihnachten feiern. Aber ich habe mich verfahren. Ich weiß nicht einmal, wo ich hier bin.«

»Maardam«, sagte der Mann.

Wallander erinnerte sich an die Straßenschilder. Aber er glaubte nicht, den Ort auf der Karte gesehen zu haben.

Er nannte sein Reiseziel. Der Mann schüttelte den Kopf.

»Das schaffen Sie heute Abend nicht mehr. Es ist weit. Sie haben sich wirklich verfahren.« Dann lächelte er. Das Lächeln kam unerwartet. Als erhellte sich sein Gesicht.

»Ich bin auch bei der Polizei«, sagte er dann.

Wallander blickte ihn fragend an. Dann streckte er die Hand aus.

»Wallander«, sagte er. »Kriminalpolizei. In einer schwedischen Stadt namens Ystad.«

»Van Veeteren«, sagte der Mann. »Bei der Polizei hier in Maardam.«

»Zwei einsame Polizisten also«, sagte Wallander. »Von denen der eine sich verfahren hat. Wirklich keine sonderlich lustige Situation.«

Van Veeteren lächelte noch einmal und nickte.

»Da haben Sie recht«, sagte er. »Da treffen sich zwei Polizisten, nur weil der eine einen Fehler begangen hat.«

»So ist es eben«, erwiderte Wallander.

In diesem Moment wurde das Essen gebracht. Van Veeteren hob sein Glas und trank ihm zu.

»Essen Sie langsam«, sagte er. »Sie haben Zeit.«

Wallander dachte an Linda. Daran, dass er sie anrufen musste. Aber ihm war schon klar, dass der Mann, der auch bei der Polizei war und diesen fremd klingenden Namen trug, recht hatte.

Er würde den Heiligen Abend an diesem seltsamen Ort verbringen, der Maardam hieß und wohl nicht einmal auf der Karte vermerkt war.

So war es eben.

Und ließ sich nicht ändern.

Wie so vieles im Leben.

Wallander rief Linda an, die natürlich enttäuscht war. Aber sie sah die Lage auch ein.

Nach diesem Anruf blieb Wallander vor der Telefonzelle stehen.

Die Weihnachtslieder stimmten ihn wehmütig.

Er hielt nichts von Wehmut. Schon gar nicht am Heiligen Abend. Draußen fiel jetzt wieder Schnee.

* * *

Van Veeteren saß noch immer am Tisch und betrachtete zwei über Kreuz liegende Zahnstocher. Seltsam, dachte er. Hätte fast darauf geschworen, dass ich bis zum Weihnachtsmorgen mit niemandem auch nur zwei Worte wechseln muss … aber dann taucht hier diese Gestalt auf.

Polizei aus Schweden? Im Schneegestöber verfahren?

Unwahrscheinlich wie das Leben an sich. Er selbst war allerdings auch nicht aufgrund irgendwelcher Pläne hier gelandet. Nach dem obligatorischen Heiligabendessen mit Renate und den nachmittäglichen Weihnachtsanrufen bei Erich, Jess und den Enkelkindern hatte er sich mit einem Dunkelbier in einem Schaumbad verkrochen und vorher Händel voll aufgedreht. Und dann auf den Abend gewartet.

Heiligabendschach mit Mahler in der *Gesellschaft.*

Genau wie letztes Jahr. Und wie vorletztes.

Mahler hatte dann um kurz vor sechs angerufen. Aus dem Krankenhaus oben in Aarlach, wo der alte Dichter mit seinem noch älteren Vater und einem frischen Oberschenkelhalsbruch saß.

Schade für den vitalen Mann von neunzig. Schade um die Eröffnung, die er sich im Bad überlegt hatte. Schade um so vieles. Als er sich im Schneegestöber dann endlich zur *Gesellschaft* durchgekämpft hatte, war ihm aufgegangen, dass er dort ohne Mahler nichts zu suchen hatte. Er war einige Blocks weiter in Richtung Zwille gegangen und hatte sich endlich auf gut Glück in dieses Restaurant hier gesetzt.

Essen musste er ja auf jeden Fall. Und vielleicht auch trinken.

Der schwedische Polizist kehrte mit düsterem Lächeln zurück.

»Haben Sie sie erreicht? Wie war noch gleich Ihr Name?«

»Wallander. Ja, kein Problem. Wir haben alles einfach um einen Tag verschoben.«

In seinem Blick lag plötzlich eine sanfte Wärme, und es konnte keinen Zweifel daran geben, woran das lag.

»Töchter zu haben ist manchmal gar nicht dumm«, sagte van Veeteren. »Auch wenn man sie nicht findet. Wie viele haben Sie?«

»Nur eine«, sagte Wallander. »Aber sie ist toll.«

»Bei mir genauso«, sagte van Veeteren. »Ich habe auch noch einen Sohn, aber das ist etwas anderes.«

»Kann ich mir vorstellen.«

Der traurige Kellner tauchte auf und fragte, wie es weitergehen sollte.

»Ich persönlich trinke Bier am liebsten allein«, sagte van Veeteren. »Und Wein in Gesellschaft.«

»Ich sollte mir ein Quartier für die Nacht suchen«, sagte Wallander.

»Hab ich schon erledigt«, erklärte van Veeteren. »Rot oder weiß?«

»Danke«, sagte Wallander. »Dann lieber rot.«

Der Kellner verschwand wieder in den Schatten. Einige Augenblicke des Schweigens senkten sich über den Tisch, während aus den Lautsprechern zugleich ein »Ave Maria« unbekannten Ursprungs erscholl.

»Warum sind Sie zur Polizei gegangen?«, fragte Wallander.

Van Veeteren musterte den Kollegen eine Weile, ehe er antwortete.

»Diese Frage habe ich mir schon so oft gestellt, dass ich mich an die Antwort nicht mehr erinnern kann«, sagte er. »Aber Sie sind doch sicher zehn Jahre jünger, deshalb wissen Sie es vielleicht?«

Wallander verzog den Mund und ließ sich zurücksinken.

»Ja«, sagte er. »Obwohl ich es mir bisweilen energisch in Erinnerung rufen muss. Es geht um dieses Übel; das will ich ausrotten. Das Problem ist nur, dass darauf offenbar eine ganze Zivilisation aufgebaut worden ist.«

»Ein Teil der tragenden Mauern jedenfalls«,

sagte van Veeteren und nickte. »Ich dachte ansonsten, Schweden sei von den ärgsten Auswüchsen so einigermaßen verschont geblieben ... das schwedische Modell, der Gemeinschaftsgeist ... das hat man ja alles gelesen.«

»Ich habe auch daran geglaubt«, sagte Wallander. »Aber das ist nun schon einige Jahre her ...«

Der Kellner brachte mehr Rotwein und auf Kosten des Hauses einen Käseteller. Das »Ave Maria« verklang, und statt seiner war melancholische Geigenmusik zu hören. Wallander hob sein Glas, hielt dann aber inne und horchte.

»Kennen Sie das da?«, fragte er.

Van Veeteren nickte.

»Villa-Lobos«, sagte er. »Wie heißt es denn noch gleich?«

»Das weiß ich nicht«, sagte Wallander. »Aber es sind acht Celli und ein Sopran. Es ist teuflisch schön. Hören Sie nur!«

Sie schwiegen eine Weile.

»Wir haben offenbar einige Gemeinsamkeiten«, sagte Wallander.

Van Veeteren nickte zufrieden.

»Sieht so aus«, sagte er. »Wenn Sie auch noch Schach spielen, sind Sie wirklich ein verdammter Glückstreffer!«

Wallander trank einen Schluck. Dann schüttelte er den Kopf. »Nur sehr schlecht«, gab er zu. »Bridge geht schon besser, aber auch da bin ich kein Meister.«

»Bridge?«, fragte van Veeteren und nahm sich ein Drittel des Camembert. »Das habe ich seit dreißig Jahren nicht mehr gespielt. Und zu meiner Zeit ging das immer zu viert.«

»Dahinten sitzen zwei Männer mit einem Kartenspiel.«

Van Veeteren beugte sich aus der Nische und schaute hinüber. Es stimmte. Einige Meter von ihnen entfernt saßen zwei andere Herren und warfen mit müder Miene Karten auf den Tisch. Der eine war hochgewachsen, mager und ein wenig gebeugt. Der andere war fast sein Gegenteil; klein, kräftig und verbissen. Beide Ende vierzig, soweit man nach Falten und Haaren gehen konnte.

Van Veeteren erhob sich.

»Na gut«, sagte er. »Heiligabend ist schließlich nur einmal im Jahr. Also machen wir einen Versuch.«

Es dauerte keine zehn Minuten, bis die Partie begonnen hatte, und nach fünfundzwanzig hatte das Paar Wallander/van Veeteren vier doppelte Piks einkassiert.

»Purer Zufall«, murmelte der kleinere Mann.

»Auch ein blindes Huhn findet mal ein Korn«, erklärte der größere.

»Zwei«, sagte van Veeteren. »Zwei blinde Hühner.«

Wallander mischte mit etwas ungewohnten Händen.

»Und was machen die Herren so im Alltag?«, fragte van Veeteren und nahm die angebotene Zigarette.

»Bücher schreiben«, sagte der Größere.

»Kriminalromane«, sagte der Kleinere. »Wir sind durchaus nicht unbekannt. Zumindest zu Hause nicht. Zumindest ich nicht. Wir haben uns verfahren, deshalb sitzen wir hier.«

»Heute Abend verfährt sich wohl alle Welt«, sagte van Veeteren.

»Kriminalschriftsteller verfahren sich oft«, sagte Wallander und gab Karten. »Auch das ist wahrscheinlich eine ziemlich miese Branche.«

»Sicher«, sagte van Veeteren.

Sie hatten die folgende Partie, bei der der nicht unbekannte Autor als Spielführer fungierte, ungefähr zur Hälfte hinter sich gebracht, als der Kellner ungebeten aus dem Schatten auftauchte. Er sah noch besorgter aus als zuvor.

»Darf ich darauf hinweisen«, fragte er untertänig, »dass wir in zehn Minuten schließen? Heute ist schließlich der Heilige Abend.«

»Was zum Henker …«, sagte Wallander.

»Was zum Teufel …«, sagte van Veeteren.

Der größere Kriminalautor hustete und schwenkte abweisend den Zeigefinger. Aber das Wort ergriff dann der kleine, nicht unbekannte:

»Darf ich meinerseits darauf hinweisen«, sagte er ohne den geringsten Anflug von Untertänigkeit, »dass ein Autor doch immerhin einen Vorteil hat …«

»… auch wenn er sich verfahren hat«, warf der Größere dazwischen.

»… dass nämlich wir die Dialoge schreiben«, vollendete der Kleinere den Satz. »Und jetzt haben Sie die verdammte Freundlichkeit und fangen noch einmal an.«

Der Kellner verbeugte sich. Verschwand und kehrte gleich darauf mit einem Schlüsselbund zurück. Verbeugte sich abermals und räusperte sich.

»Im Namen des Wirtes möchte ich Ihnen allen gesegnete Weihnachten wünschen«, sagte er. »Sie können sich selber am Tresen bedienen, und im Kühlschrank gibt es kalten Aufschnitt. Schließen Sie hinter sich ab, wenn Sie gehen, und vergessen

Sie nicht, die Schlüssel in den Briefkasten zu werfen.«

»Sehr gut«, erklärte van Veeteren und blies einen Rauchring. »Es gibt also doch noch einen Rest gesunde Vernunft und Güte auf der Welt.«

Der Kellner zog sich zum letzten Mal zurück. Als er das Restaurant verließ, war für einen Moment das Heulen des Schneesturms zu hören, aber dann schloss sich die Winternacht um das kleine Restaurant in der Stadt, die es auf der Karte nicht gab.

Gesunde Vernunft?, dachte Kurt Wallander und stach mit dem König des Tisches, dem Buben, eine Drei. Güte?

Aber wenn überhaupt, dann am Heiligen Abend.

Und in Gesellschaft fiktiver Poeten.

Poeten, leck mich!, dachte er dann später. Acht Romane und nicht eine einzige verdammte Zeile Blankvers.

Am nächsten Tag würde er Linda sehen.

Aus dem Schwedischen von Gabriele Haefs

Wie ich meine Tage und Nächte verbringe

I

Das erste Mal traf ich David Perowne in Harry's Kneipe.

Es war ein Donnerstagabend im November, ich kam direkt aus dem Regen, der seit zwölf Stunden heruntergeprasselt war, und es saß sonst kein Mensch in der Bar. Bis auf einen großen, etwas schief gewachsenen Herrn um die fünfundvierzig mit schütterem schwarzen Haar, getönten Brillengläsern und einem Whiskyglas in festem Griff in der rechten Hand.

Als fürchtete er, jemand könnte versuchen, es ihm zu stehlen.

Was dann nur ich oder der Barkeeper hätte sein können. Letzterer war ein junger Bodybuilder mit Pferdeschwanz, ich hatte ihn noch nie zuvor gesehen. Ich ließ mich nieder, bat um einen Single Malt, eine Karaffe Wasser und ein Handtuch, um mir den Kopf abzutrocknen.

»Regnet es immer noch?«, fragte der Barkeeper.

»Wie aus Kübeln«, bestätigte ich.

»Perowne«, sagte der andere Bargast und wechselte auf meinen Nachbarhocker. »David Perowne. Ich glaube, wir sind uns noch nicht begegnet.«

Ich nannte meinen Namen. Perowne nickte. »Ich weiß. Sie sind dieser Schriftsteller, nicht wahr?«

Ich antwortete nicht. Bekam mein Glas und meine Karaffe. »Sie haben das Handtuch vergessen«, sagte ich zu dem Barkeeper.

Er holte ein Handtuch und reichte es mir. Ich fuhr damit einige Male über meine nassen Haare und gab es ihm dann zurück.

»Ein Sauwetter«, sagte David Perowne.

Ich goss Wasser in mein Glas und trank einen Schluck. Der Barkeeper wandte sich dem stummen Boxkampf auf dem Fernsehbildschirm zu. David Perowne betrachtete mich, während er einen Zahnstocher von einem Mundwinkel zum anderen wandern ließ. Ich vermutete, dass er zu diesen nervösen Typen gehörte, die aufgehört haben zu rauchen, denen es jedoch nicht gelungen ist, den Oraltrieb in den Griff zu kriegen. Die Theorie zerplatzte jedoch nach ein paar Sekunden, als er den Zahnstocher zerbrach und eine Zigarette aus einem Päckchen in der Brusttasche fischte. Umständlich zündete er sie mit einem Sturmfeuerzeug an und ließ mich dabei nicht aus den Augen.

»Sie reden nicht gern mit Fremden?«

»Stimmt genau«, sagte ich. »Meine Mutter hat mich immer davor gewarnt.«

»Ich dachte, ein Schriftsteller braucht Geschichten?«

»Ich verspreche, darauf zurückzukommen, wenn es so weit ist.«

»Jetzt haben Sie aber schon angefangen, mit mir zu reden.«

Ich trank noch einen Schluck und schaute mir eine Weile den Boxkampf an. Es waren ein weißer und ein schwarzer Typ, der weiße war größer und schwerer, aber der schwarze bewegte sich eleganter und wirkte technisch besser. David Perowne begann eine Melodie zu summen, die ich kannte, aber nicht genau identifizieren konnte. Wahrscheinlich irgendeine alte Filmmusik. Es verging eine halbe Minute, vielleicht auch eine ganze. Der schwarze Typ konnte eine saubere Rechte anbringen, und der weiße ging zu Boden.

»Ich bin mir ziemlich sicher, dass ich eine Geschichte habe, die Sie interessieren könnte.«

Ich nahm ein Streichholzheftchen vom Tresen und las darauf die Adresse eines neu eröffneten Billardcafés in Löhr.

»Wenn ich sie erzählen darf und Sie sagen hinterher, ich hätte Ihnen die Zeit gestohlen, dann lade ich Sie zu zwei Drinks ein.«

»Zwei«, wiederholte er. Ich versuchte die Telefonnummer des Billardcafés auswendig zu lernen.

»Es geht um Ihre Frau.«

»Um meine Frau? Marlene?«

»Haben Sie mehrere?«

Ich ließ das Streichholzheftchen fallen. »Was zum Teufel haben Sie über Marlene zu erzählen?«

»Eine ganze Menge«, erklärte Perowne.

* * *

Um es kurz zu machen, wir haben uns vor sechs Jahren kennengelernt und acht Monate später geheiratet. Von Anfang an wusste ich zwei Dinge über sie.

Dass ich sie über alle Vernunft hinaus liebte und dass sie ein dunkles Geheimnis in sich trug.

Letzteres gab sie bereits an dem Abend zu, als wir uns das erste Mal liebten. Das war in einem Hotel in Aarlach im Zusammenhang mit der Buchmesse. Marlene hatte gerade einen Job beim Kulturrundfunksender bekommen, ich hatte meinen zehnten Roman herausgebracht, »Die Perspektive des Gärtners«. Wir hatten einiges an Wein getrunken, aber nicht im Übermaß.

»Ich habe ein finsteres Geheimnis«, erklärte sie, als wir nach dem ernsthaften Spiel beieinanderlagen und dösten. »Ich möchte, dass du das weißt.«

»Wir haben ja wohl alle unsere finsteren Geheimnisse«, erwiderte ich.

»Kann schon sein«, sagte Marlene. »Aber meines ist etwas anderes. Das würdest du verstehen, wenn du einen Einblick bekommen würdest.«

»Und den willst du mir nicht geben?«

»Dazu ist es zu früh«, sagte Marlene.

Das war im Oktober. Im Mai des folgenden Jahres, ein paar Wochen, bevor wir heiraten wollten, griff ich die Frage nach ihrem finsteren Geheimnis wieder auf, und erneut erklärte sie, dass sie noch nicht bereit sei, es mit mir zu teilen. Wenn ich der Meinung sei, dass das auf irgendeine Art und Weise ein Hindernis für unsere Ehe darstelle, dann sei sie gewillt, sich zurückzuziehen. Ich sagte, dass ich sie viel zu sehr liebe, um zuzulassen, dass eine kleine dunkle Wolke unser Glück verhindern sollte, und sie erwiderte, sie sei dankbar, dass ich die Sache so sähe.

Als wir zwei Jahre verheiratet waren, kam die Sache auf einer Reise nach Griechenland zum dritten Mal zur Sprache – ich erinnere mich nicht mehr, was der Anlass war –, und zum dritten Mal bekam ich die Antwort, dass es zu früh für sie sei, mir davon zu erzählen. Seitdem sprachen wir nie wieder davon. Ich dachte ab und zu daran, aber mehr war da nicht.

Es geht natürlich um ihre Vergangenheit, und ich bin mir dessen sehr bewusst, dass andere Männer nie auf diese Art von Arrangement eingegangen wären. Leben, Haus und Bett mit einer Frau zu teilen, von der du so wenig weißt. Aber so war es bei uns, und abgesehen von den Jahren, über die sie nichts erzählte, gab es keine Unklarheiten oder Ungereimtheiten zwischen uns. Ich glaube, wir waren zusammen glücklicher als die meisten anderen Paare.

Über Marlenes Kindheit und Jugend weiß ich alles, was es zu wissen gibt. Nicht im Detail, das hat mich auch nie interessiert, aber in den Hauptzügen. Sie wurde in Kaalbringen geboren, ein Einzelkind. Als sie vier Jahre alt war, zog die Familie nach Oostwerdingen, wo der Vater einen Job in der Möbelfabrik bekam, die Mutter eröffnete einen kleinen Frisiersalon, als die Tochter eingeschult wurde. Beide Eltern kamen bei einem Verkehrsunfall ums Leben, als Marlene im letzten

Schuljahr war, nach dem Abitur wohnte sie bei einer Tante in Hamburg, wo sie an der Universität Sprachen studierte. Mit dreiundzwanzig zog sie nach London, und von den folgenden neun Jahren weiß ich nichts. Marlene war zweiunddreißig, als sie in ihr Heimatland zurückkehrte, und ungefähr ein und ein halbes Jahr später lernten wir uns auf jener Buchmesse in Aarlach kennen.

Was die Männer in Marlenes Leben betrifft, so hatte sie gerade mit einem Journalisten Schluss gemacht, als wir unsere Beziehung begannen. Bevor sie nach London gezogen war, hatte sie drei oder vier junge Männer getestet, der eine uninteressanter und egoistischer als der andere – das sind ihre Worte, nicht meine –, und was während dieser dunklen neun Jahre geschah, davon weiß ich nichts.

Schon bevor wir heirateten, diskutierten wir, ob wir Kinder in die Welt setzen wollten; ich selbst hatte keinen ausgesprochenen Wunsch, mich selbst zu reproduzieren, und verstand früh, dass das für Marlene eine Art Erleichterung bedeutete.

»Wenn ich eines Tages ein Kind mit dir haben will, werde ich es dir mitteilen«, sagte sie. »Aber es ist ziemlich wahrscheinlich, dass das nie so sein wird.«

»Hast du schon einmal ein Kind geboren?«, fragte ich ein wenig naiv.

»Und wenn dem so wäre«, antwortete sie, »würde das etwas zwischen uns verändern?«

Ich glaube mich erinnern zu können, dass ich ausweichend antwortete, welche Worte ich genau benutzte, daran kann ich mich nicht erinnern.

Natürlich dachte ich von Zeit zu Zeit darüber nach, was denn während dieser Jahre in England wohl geschehen war – schließlich handelt es sich dabei um ein ziemlich großes Stück des Lebens –, aber sie schien kein Trauma davongetragen zu haben. Marlene war es offensichtlich gelungen, ihre dunklen Schatten zu begraben, das war deutlich zu spüren, und warum sollte mir, ihrem Ehemann, daran gelegen sein, sie wieder hervorzuholen? Wozu sollte das dienen?

So hatte ich gedacht bis zu diesem Novemberabend in Harry's Kneipe. Ich wünschte, ich hätte mir einen anderen Ort für meinen Whisky ausgesucht, aber Harry's liegt auf meinem üblichen Heimweg vom Hauptbahnhof. Ich hatte einen Vortrag in Linzhuisen gehalten, und Marlene befand sich geschäftlich in Paris. Sie würde erst in der folgenden Woche zurückkommen, vielleicht war meine Begegnung mit David Perowne irgendwie unvermeidlich gewesen. Jetzt, während ich das aufschreibe, ist alles so anders, und ich bin nicht mehr in der Lage, das Zufällige von dem Schicksalhaften zu trennen.

Wenn es da überhaupt einen Unterschied gibt.

* * *

»Eine ganze Menge«, nahm David Perowne den Faden wieder auf und drückte seine Zigarette aus. »Ja, ich kann Ihnen Dinge von Ihrer Frau erzählen, die Sie wahrscheinlich interessieren werden.«

»Sie haben eine Minute«, sagte ich. »Wenn Sie dann meine Neugier nicht geweckt haben, trinke ich aus und gehe nach Hause.«

»Eine Minute?«, sagte Perowne, kurz auflachend. »Ist das die Zeitspanne, die ein Autor hat, damit der Leser anbeißt?«

Ich zuckte mit den Schultern. »Es gibt viele neunmalkluge Theorien darüber«, erklärte ich. »Aber ich bin nicht hierhergekommen, um herumzulabern. Und schon gar nicht mit einem Fremden. Also, was war mit Marlene?«

Er nahm ein paar Erdnüsse aus dem Schälchen auf dem Tresen und schien zu zögern. Der Ausdruck seiner Augen hinter den grau getönten Brillengläsern veränderte sich, bekam einen Moment lang einen sanfteren, fast traurigen Anstrich, und er kratzte sich ein wenig nervös am Hals. Dort hatte er ein rotes Ekzem oder irgendeine andere Art von Hautreizung.

»Ich habe nach ihr gesucht.«

»Gesucht?«

»Ja, ein paar Jahre lang.«

Ich hob mein Glas, entschied mich anders und stellte es wieder ab.

»Sie haben ein paar Jahre lang nach meiner Frau gesucht? Was ist das für ein Blödsinn?«

»Mir ist klar, dass das in Ihren Ohren merkwürdig klingen muss, aber es verhält sich tatsächlich so.«

»Und warum haben Sie nach ihr gesucht?«

Eine Alarmglocke begann in meinem Kopf zu läuten. Bis zu diesem Zeitpunkt hatte ich David Perowne als eine Plaudertasche ohne Substanz angesehen. Als einen dieser halb tragischen Kneipentypen, die versuchen, sich interessant zu machen. Die eigentlich nichts bieten können, nur jede Menge trivialer und uninteressanter Lebensumstände, die kein Mensch hören mag. Und die deshalb gern mit einem großen Bluff ihr Gefasel einleiten.

Aber hier gab es etwas, das mich meine bisherige Einschätzung revidieren ließ. Vielleicht lag es an seinem offensichtlichen Zögern. David Perowne hatte mir etwas zu erzählen, aber gleichzeitig widerstrebte ihm das, und ich hatte den unangenehmen Eindruck, dass er aus Rücksicht mir gegenüber zögerte. Dass er wusste, dass das, was er zu sagen hatte, mir nicht guttun würde, und dass ich ihm deshalb ein wenig leidtat.

»Das hat seinen Grund«, sagte er. »Ich würde natürlich nicht so lange Zeit nach einer Frau suchen, wenn es keinen Grund dafür gäbe.«

Ich versuchte, eine skeptische Miene aufzusetzen, und lehnte mich zurück, die Hände vor der Brust verschränkt. »Ihre Minute läuft gleich ab«, sagte ich.

»All right.« Er räusperte sich und schob seine Brille zurecht. »Sie nennt sich also jetzt Marlene?«

Ich antwortete nicht. Spürte, wie dieses unangenehme Gefühl mir die Wirbelsäule hinaufkroch.

»Als ich sie kannte, hieß sie Clara. Clara Maxwell. Hat sie das nie erwähnt?«

Ich schüttelte unfreiwillig den Kopf.

»Das erste Mal habe ich sie vor mehr als fünfzehn Jahren getroffen. In London. Damals war sie rothaarig.«

»Fünf Sekunden«, sagte ich. »Sie haben noch fünf Sekunden. Was zum Teufel haben Sie eigentlich zu erzählen?«

Er zog eine Zigarette aus der Brusttasche, zündete sie aber nicht an.

»Sie war mit meinem besten Freund verheiratet«, sagte er. »Sie hat ihn ermordet und ist damit davongekommen.«

* * *

Unsere Hochzeit war eine sehr private Geschichte. Marlene war diejenige, die es so hatte haben wollen, und da meine erste Ehe, diese fünf weggeworfenen Jahre mit Brigitte, von einer protzigen Kirchentrauung und nachfolgendem Fest für hundertdreißig Personen eingeleitet worden war, hatte ich nichts dagegen einzuwenden. Wir heirateten an einem blassgrauen Junisamstag in einer Kapelle der Keymerkirche, ohne andere Zeugen als Bart und Ulrike, meine ältesten und treuesten Freunde, und die einzigen, die mir nach dem Schiffbruch mit Brigitte weiterhin zur Seite standen. Anschließend aßen wir ein einfaches Menü zu viert im Ratskeller, und dann nahmen Marlene und ich ein frühes Flugzeug nach Lissabon für unsere Flitterwochen.

Ich dachte nicht weiter über Marlenes Wunsch hinsichtlich einer diskreten Trauung nach, bis Ulrike dieses Thema ein paar Monate später ansprach. Wir waren uns schnell darüber einig, was dahintersteckte; Marlene hatte keine lebenden Verwandten mehr, und ihr Freundeskreis in Maardam beschränkte sich auf ein paar Arbeitskollegen und eine Handvoll meiner Freunde – und so sollte es auch bleiben. Unter den Freunden natürlich Bart und Ulrike. Kurz gesagt: Wen hätten wir einladen sollen?

»Es gibt zwei Sorten von Frauen«, sagte Ulrike und zeigte ihr charakteristisches, nach innen gewandtes Lächeln. »Diejenigen, die sich mit einem ganzen Schwarm von Freundinnen umgeben, und diejenigen, die keine einzige haben. Der erste Typ ist der übliche, aber deine Frau gehört ohne Zweifel zur Kategorie Nummer zwei. Falls du das noch nicht bemerkt haben solltest.«

»Das habe ich wohl schon bemerkt«, erwiderte ich.

»Und das ist auch die interessante Kategorie«, fügte Ulrike hinzu.

»Das habe ich auch schon bemerkt«, sagte ich.

Ein paar Tage später erwähnte ich unser Gespräch Marlene gegenüber. »Du hast nicht besonders viele Freunde«, sagte ich. »Ist das immer schon so gewesen?«

»Ich habe doch dich«, erwiderte sie. »Das genügt mir. Warum fragst du?«

»Ulrike hat das Thema aufgegriffen«, erklärte ich. »Aber ich bin froh, dass du dich mit mir begnügst. Und außerdem wohnst du ja noch nicht so lange hier in der Stadt.«

»Das war schon immer so«, erklärte Marlene. »Ich glaube an die Liebe, mit der Freundschaft habe ich eher Probleme.«

»Das hört sich bei dir so an, als würde das eine das andere ausschließen.«

Sie dachte einen Moment lang nach. »Bist du in irgendeiner Weise mit unserer Beziehung unzufrieden? Ist das der Grund, dass du so redest?«

»Ganz und gar nicht«, versicherte ich ihr. »Ich liebe dich mehr als alles andere auf der Welt. Warum sollte ich unzufrieden sein?«

»Ich liebe dich auch«, sagte Marlene. »Aber man muss das, was man liebt, ja nicht verstehen. Ich glaube sogar, das ist eine Voraussetzung für Liebe, dass wir nicht alle Seiten voneinander kennen.«

Ich dachte nach.

»Zu lieben bedeutet also auf Entdeckungsfahrt zu gehen?«, fragte ich.

»So ungefähr«, nickte Marlene. »Und so eine Entdeckungsfahrt ist ja nur so lange interessant, solange es immer noch etwas zu entdecken gibt, nicht wahr?«

Wahrscheinlich bestätigte ich ihre Annahme, kann mich aber noch daran erinnern, dass ich in der darauffolgenden Zeit mehr als einmal über ihre Äußerungen nachdachte.

Das Unentdeckte? Das eigentliche Drehbuch der Liebe?

* * *

»Ermordet?«, wiederholte ich.

»Sie haben richtig gehört«, bestätigte David Perowne.

Ich räusperte mich und streckte den Rücken. »Ich denke, es ist an der Zeit auszutrinken und diesen gastlichen Ort zu verlassen. Bevor ich dir eine aufs Maul haue.«

Perowne drehte die Hände vor sich auf dem Bartresen, so dass die Handflächen nach oben zeigten. »Wenn Sie mir eine langen wollen, nachdem ich meine Geschichte erzählt habe, können Sie das gern tun. Aber ich würde vorschlagen, noch ein paar Minuten damit zu warten. Wollen wir uns noch jeder einen Whisky gönnen und uns an einen Tisch setzen? Auch ein Barkeeper hat Ohren.«

Ich schaute auf die Uhr. Es war fünf Minuten nach elf.

»Ich habe die Absicht, heute Abend vor Mitternacht ins Bett zu kommen«, erklärte ich. »Und ich wohne zehn Minuten von hier entfernt. Nur um die Grenzen abzustecken.«

»In Ordnung«, sagte David Perowne und bestellte noch eine Runde, indem er zwei Finger zwischen Barkeeper und Boxkampf hochhielt.

Wir nahmen unter dem Bogart-Bacall-Plakat in der Ecke zur Straße hin Platz. Der Regen prasselte draußen immer noch nieder. Perowne zündete sich eine Zigarette und die fast heruntergebrannte Kerze in einer Bastflasche auf dem Tisch an.

»Jetzt hören Sie«, begann er mit einer Art neu gefundener Autorität. »Es ist nämlich so, dass ich Clara vor ein paar Tagen gefunden habe und bisher noch nicht die Zeit hatte, ausreichend in ihrem Leben zu forschen. Ich weiß, dass sie als Journalistin beim Rundfunk arbeitet, und ich weiß, dass Sie

Schriftsteller sind. Sie sind seit ein paar Jahren verheiratet, Sie haben keine Kinder, und Sie wohnen in einer Wohnung unten in Zwille, in der Nähe der Brücke des Vierten Septembers.«

»Ich dachte, Sie wollten mir etwas Neues erzählen«, sagte ich.

»Das kommt noch«, entgegnete Perowne und betrachtete mich einen Moment lang wieder mit diesem mitleidsvollen Blick. Als bedauerte er, dass er gezwungen war, mich diesen Unannehmlichkeiten auszusetzen. »Als ich sie das letzte Mal sah, hieß sie, wie gesagt, Clara Maxwell«, fuhr er fort. »Und zwar sah ich sie durch ein schmutziges Zugfenster an der Paddington Station in London, das war vor acht Jahren, und ich kam gerade von der Beerdigung meines besten Freundes, Christopher Maxwell. Clara war seine Ehefrau gewesen. Er war sechs Monate zuvor unter eigenartigen Umständen gestorben, die Beerdigung war aufgrund der laufenden Polizeiermittlungen aufgeschoben worden.«

»Was denken Sie sich eigentlich, hier zu sitzen und ...?«

»Aber Clara wurde von jedem Verdacht freigesprochen. Ich weiß, dass sie schuldig war, und es waren ziemlich viele, die das wussten. Sie war nicht einmal mit in der Kirche. Was halten Sie davon? Sie kam nicht einmal zur Beerdigung ihres Ehemannes.«

»Das ist doch lächerlich«, sagte ich. »Glauben Sie, ich lasse mir jeden Bären aufbinden? Ich kenne Marlene in- und auswendig und weiß, dass sie niemals …«

»In- und auswendig?«, wiederholte David Perowne und zog fragend eine Augenbraue hoch.

»Das kann Ihnen doch ganz gleich sein«, sagte ich. »Sie ist meine Frau.«

»Ich weiß«, nickte Perowne. »Und mir ist schon klar, dass Sie es nicht glauben wollen, ich würde es auch nicht tun. Aber wenn Sie mich das eine oder andere erklären lassen, dann sehen Sie vielleicht die Sache in einem anderen Licht. Sie wissen, dass sie ziemlich lange in London gelebt hat? Und dass sie mit einem Mann namens Christopher Maxwell verheiratet war?«

Ich nickte und bat um eine Zigarette. Er schüttelte sie aus dem Päckchen, ich nahm sie entgegen und zündete sie an der Kerze an, noch bevor er mir sein Feuerzeug anbieten konnte.

»Hat sie etwas von dieser Ehe erzählt?«

»Ich wollte gar nicht alles wissen. Ich habe auch eine gescheiterte Beziehung hinter mir.«

»Ich verstehe. Aber Sie haben keine Kinder? Aus der ersten Beziehung, meine ich?«

»Nein.«

»Claras und Christophers Sohn – hat sie Ihnen von ihm erzählt?«

Ich zog heftig an der Zigarette und spürte für einen Moment das ganze Harry's schwanken. Es war mehr als sieben Jahre her, seit ich das Rauchen aufgegeben hatte, und die wenigen Male, wenn ich einen Rückfall erlitt, hatte ich stets das Gefühl, als träte mich ein Pferd gegen die Brust. »Ihr Sohn?«, sagte ich wie beiläufig. »Natürlich, was ist mit ihm?«

David Perowne wandte seinen Blick für einen Moment hinaus auf den Regen. Dann beugte er sich auf die Ellenbogen gestützt vor und nahm mich ins Visier.

»Ich sehe, dass Sie lügen«, sagte er. »Aber das würde ich in Ihrer Lage auch tun. Wenn das Leben Schiffbruch erleidet, ist es nicht immer so leicht zu entscheiden, auf welchem Bein man stehen soll.«

»Reden Sie weiter«, sagte ich. »Aber lassen Sie diesen Psychoquatsch. Also, ihr Sohn?«

»Jason, ja«, sagte Perowne. »Er war ein schwieriges Kind. Christopher schaffte es mit ihm, aber Clara gab auf. Natürlich gab es so eine Art von

Diagnose, aber es kam ja nie dazu, dass er genauer untersucht wurde.«

Ich nickte. Zögerte und nahm einen weiteren, etwas vorsichtigeren Zug. Perowne faltete die Hände vor sich auf dem Tisch und wartete ab. »Wieso?«, fragte ich schließlich. »Wieso kam es nie dazu?«

»Weil sie dafür sorgte, dass er ertrank«, antwortete Perowne und kratzte sich erneut am Hals. »Ich kann Ihnen ansehen, dass diese Information für Sie überraschend kommt, aber genauso hat es sich verhalten. Jason Maxwell ertrank in der Badewanne, eine Woche, bevor er zwei Jahre alt werden sollte. Und das Ironische dabei ist, dass sein Vater achtzehn Monate später in derselben Badewanne tot aufgefunden wurde. Aber natürlich haben Sie vollkommen recht, warum sollten wir uns die Mühe machen, alles über unsere Nächsten und Liebsten herauszufinden? Am besten, man weiß gar nichts.«

»Entschuldigen Sie mich einen Moment«, sagte ich und ging zur Toilette.

* * *

Irgendwann nach dem Zusammenbruch mit Brigitte sprach ich mit einem Therapeuten. Nicht, dass ich einen angerufen und einen Termin bei ihm verabredet hätte, auf die Idee wäre ich nie gekommen, es war einfach so, dass wir zufällig während eines Flugs von Sydney nach Frankfurt nebeneinandersaßen. Zuerst einen halben Tag lang nach Bangkok, dann einen halben Tag lang auf dem Weg nach Europa. Es war unvermeidlich, dass wir ins Gespräch kamen.

Er war Skandinavier, ich weiß nicht, aus welchem Land er genau kam, aber ich glaube, er hieß Olsen. Auf jeden Fall hatte er ein Buch geschrieben mit dem Titel »Die Seele des Jägers«. Eigentlich hätte es »Die Seele des Mannes« heißen müssen, wie er mir erklärte, aber das war ein verdammt langweiliger Titel für ein Buch, und man wollte es schließlich verkaufen. Ich hatte ihm bereits erzählt, dass ich Schriftsteller war, deshalb nickte ich einvernehmlich.

»Es gibt nicht nur verschiedene Arten von Frauen«, erklärte Olsen. »Ich meine die Behauptung wagen zu können, dass es auch verschiedene Arten von Männern gibt.«

»Oh, Scheiße«, sagte ich.

Wir hatten einiges an Flugzeugsprit getrunken,

und mittlerweile wusste ich bereits die leicht sarkastische Sichtweise meines Flugbegleiters auf die Welt und ihre Bewohner zu schätzen.

»Genauer gesagt zwei«, fuhr er fort.

»Und welche sind das?«, fragte ich.

»Die einsamen Jäger und die anderen.«

»Die anderen?«, fragte ich nach. »Da haben Sie ja eine richtig gute Kategoriebezeichnung gefunden.«

»Ich weiß«, bestätigte Olsen meine Kritik. »Aber es sind ja auch die Jäger, die interessant sind.«

»Und in welcher Hinsicht?«

»Sie scheuen die Gemeinschaft«, sagte Olsen. »Sie haben die wichtigsten Grundregeln des Lebens begriffen. In dieser Gruppe finden Sie alle berühmten Mörder, alle großen Wissenschaftler, alle Entdecker, alle bedeutenden Schriftsteller ...«

»Aber als Erstes haben Sie die Mörder genannt«, bemerkte ich.

»Das war ein Zufall«, sagte Olsen. »Der dahinterliegende Gedanke ist jedenfalls, dass diese Jägermänner nur eine Heimat haben, und die befindet sich in ihrem eigenen Schädel.«

»Ich dachte, das gälte für alle«, sagte ich.

»Eigentlich ja«, bestätigte Olsen. »Aber die anderen bilden sich gern ein, dass es so eine Art

Forum gibt, wo man sich treffen und mit seinen Mitmenschen austauschen kann. Die Jäger wissen, dass das reine Einbildung ist. Man muss die Geschichte seines Lebens selbst schreiben. Oder bei dem Film Regie führen, wenn Ihnen diese Metapher lieber ist. Jeder Menge anderer Menschen und Meinungen den Zutritt zu gestatten, das gibt nur Ärger. Höchstens in Form von einer Rolle, wie die eines Statisten im Film, ist es akzeptabel.«

Ich trank von dem Flugzeugsprit und dachte nach.

»Ich gehe davon aus, dass Sie meinen, ich gehöre auch zu den Jägern?«

»Zweifellos«, sagte Olsen und trank auch einen Schluck.

»Schriftsteller müssen Jäger sein, alles andere ist undenkbar.«

»Und wie verhält es sich mit weiblichen Schriftstellern?«, fragte ich.

»Das ist das Gleiche«, sagte Olsen. »Natürlich gibt es auch weibliche Jäger, obwohl der männliche Anteil etwas größer ist.«

»Und was jage ich?«

»Sie sind auf der Jagd nach dem Leben«, erklärte Olsen lakonisch. »Nach dem Sinn dieses verfluchten Hamsterrads.«

»Ach, ja?«, sagte ich. »Und was wollen Sie eigentlich mit Ihrer Theorie bezwecken?«

Olsen dachte eine ganze Weile nach. »Weiß der Teufel«, sagte er schließlich. »Ich nehme an, dass ich nur darauf aus bin, die Fakten zu konstatieren.«

Ich erzählte Marlene einmal von meinem Gespräch mit dem Therapeuten Olsen, und ich kann mich noch erinnern, dass es sie interessierte. Sie behauptete, es wecke eine Erinnerung in ihr, und sie zitierte sogar einen Autor, leider habe ich aber dessen Namen vergessen. »Ich glaube an den einsamen Menschen, der nicht wie ein Hund jeder Witterung hinterherläuft.« Dann erklärte sie, dass wir uns glücklich schätzen sollten, dass das Schicksal uns zusammengeführt hatte; zwei Steppenwölfe in einer Welt, die von verwirrten Kuschelhasen bevölkert war, konnten wohl kaum erwarten, einander zu finden.

»Aber uns ist es gelungen?«, fragte ich.

»Schließlich sitzen wir hier«, sagte Marlene.

»Ich bin mir nicht ganz sicher, ob ich verstanden habe, was du damit meinst«, sagte ich.

»Du und ich, wir sind uns nicht begegnet, damit wir versuchen, einander zu verstehen«, erklärte Marlene. »Darüber haben wir doch schon gesprochen.«

»Ja, das haben wir«, bestätigte ich.

»Aber ich werde dich bis zu meinem letzten Blutstropfen verteidigen, das verspreche ich dir«, sagte Marlene.

»Und ich dich«, sagte ich.

»Unter allen Umständen?«, fragte Marlene.

»Unter allen Umständen«, bestätigte ich.

* * *

Als ich von der Toilette zurückkam, hatte David Perowne noch eine weitere Runde Whisky für uns bestellt. Ich hatte mich ein wenig sammeln können und ging jetzt direkt zum Angriff über.

»Ihre Geschichte ist mir scheißegal«, sagte ich und schob mein Glas fort, um zu demonstrieren, dass ich gar nicht daran dachte, daraus zu trinken. »Ich gebe Ihnen fünf Minuten Zeit, um zu erklären, was Sie überhaupt wollen. Und nicht eine Sekunde mehr.«

»Sie wussten also bis jetzt nichts von alledem?«

Ich antwortete nicht.

»Sie hat Ihnen nicht erzählt, was passiert ist?«

»Haben Sie sonst noch etwas zu berichten, oder war das alles?«

Wieder zögerte er einen Moment lang, dann holte er eine Brieftasche aus seiner Jacke: »Aber sie hat Ihnen doch zumindest Fotos gezeigt?«

Er zog ein Foto heraus und gab es mir. Ich nahm es und betrachtete meine Ehefrau, zusammen mit einem dunkelhaarigen Mann. Der Mann hatte ein kleines Kind auf dem Schoß, alle drei saßen auf einer Parkbank und schauten direkt in die Kamera. Es schien Sommer oder früher Herbst zu sein. Marlene sah genauso aus wie jetzt, abgesehen von ihrem Haar, das hatte einen helleren, leicht rötlichen Ton.

Aber die gleiche Frisur, der gleiche intensive Blick und das vorsichtige Lächeln mit der einen halben Millimeter großen Lücke zwischen den Schneidezähnen. Sie schien auch nicht viel jünger zu sein. Ich nahm das Whiskyglas und trank einen Schluck.

»Auf dem Foto ist Jason eineinhalb Jahre alt«, sagte Perowne. »Das war ziemlich genau sechs Monate, bevor er starb.«

Ich betrachtete den Mann, Christopher Maxwell, er hatte einen kurzen Bart und mehr Haar, ansonsten war er Perowne nicht ganz unähnlich. Er sah ernst aus, fast etwas verbittert.

»Ja, und?«, fragte ich und schob das Foto auf

dem Tisch zu ihm zurück. »Und warum suchen Sie jetzt nach meiner Frau?«

Perowne zog an seiner frisch angezündeten Zigarette und blinzelte durch den Rauch. »Weil es neue Fakten in dem Fall gibt«, sagte er. »Ihre Frau ist eine Mörderin, nur um Haaresbreite ist es ihr gelungen, sich ihrer gerechten Strafe zu entziehen. Sie hat zwei Leben auf dem Gewissen, und ich will sie festnageln.«

Ich spürte, wie sich meine rechte Hand zur Faust ballte und mein Puls schneller wurde. »Neue Fakten im Fall?«, wiederholte ich.

»Genau«, bestätigte Perowne. »Obwohl sie inzwischen auch schon ein paar Jahre alt sind. Es ist nämlich so. Clara hatte nicht viele Freundinnen in London, aber es gab eine Vertraute. Catherine, genannt Cathy. Ein paar Jahre, nachdem Clara verschwunden war, beschloss Cathy zu erzählen, was sie wusste. Mir gegenüber, sie hatte gerade erfahren, dass sie Brustkrebs hatte, vielleicht handelte es sich also um eine Art Beichte. Auf jeden Fall hatte Clara ihr alles anvertraut. Sowohl was Jason als auch was Christopher betraf. Sie hat sie getötet, Cathy wusste Details, die es unmöglich machen, an ihrer Geschichte zu zweifeln.«

»Ich glaube Ihnen nicht.«

»Das ist Ihre Entscheidung.«

»Und warum sind Sie nicht zur Polizei gegangen?«

»Das bin ich. Aber die haben ja so einiges anderes, um das sie sich kümmern müssen. Ehrlich gesagt, glaube ich nicht, dass sie Lust haben, in diesem Fall weiterzuermitteln. Case closed, und damit sind sie zufrieden.«

»Aber Sie haben weitergesucht?«

»Zweieinhalb Jahre lang. Meine Möglichkeiten sind auch nicht unbegrenzt.«

Eine Weile blieb ich schweigend sitzen und überließ mich dem Tumult in meinem Kopf, dann trank ich mein Glas aus und stand auf. »Hol Sie der Teufel«, sagte ich. »Und sehen Sie zu, dass Sie bei ihm bleiben. Wenn ich Ihre hässliche Visage noch einmal sehe, dann müssen Sie mit den Konsequenzen leben.«

Dann verließ ich Harry's Kneipe. Als ich auf die Straße trat, regnete es immer noch. Es schien, als wäre der Wolkenbruch außer Kontrolle geraten, als hätte er eigentlich schon vor langer Zeit mit dem Gießen aufhören wollen, aber vergessen, wie man abschaltete.

II

In dieser Nacht fiel es mir schwer einzuschlafen. Fragmente des Gesprächs mit David Perowne vermischten sich mit Traumbildern von Marlene in verschiedenen Situationen. Erlebte und eingebildete. Angezogen und nackt. Manchmal war sie mit mir zusammen, manchmal mit anderen Männern. Ich schreckte mindestens zehnmal hoch, und um sechs Uhr gab ich auf, stellte mich unter die Dusche und entschied, dass ich, wenn ich alles recht betrachtete, keine Wahl hatte.

Ich musste sie damit konfrontieren. Ihr von David Perownes unsinnigen Behauptungen erzählen und sehen, wie sie reagierte.

Was hätte ich sonst tun sollen? Still dasitzen und Perownes nächsten Schachzug abwarten? Herumlaufen und den Rest meines Lebens darüber grübeln?

So dachte ich. Und ich kann bis heute keinen Fehler in meinen Überlegungen finden.

Ich holte Marlene wie verabredet vom Flughafen ab. Das Flugzeug aus Paris hatte fast eine Stunde Verspätung, und es war bereits acht Uhr abends, als wir endlich allein im Auto waren.

»Gestern Abend ist etwas Sonderbares passiert«, sagte ich.

»Ja?«, sagte Marlene.

»Ich habe jemanden in einer Bar getroffen.«

»Du warst also bummeln?«

»Ich habe nur auf dem Heimweg vom Bahnhof einen Drink bei Harry's genommen.«

»Ja, und?«

»Dieser Kerl, er hieß übrigens David Perowne, er hat mir eine Geschichte erzählt.«

»Eine Geschichte?«

»Ja. Die von dir handelte.«

»Von mir?«

»Ja, er wusste offensichtlich einiges über deine Jahre in London.«

Marlene erstarrte. Nicht sehr, aber ich konnte deutlich spüren, wie ihr Körper neben mir sich irgendwie versteifte. Sie holte zweimal tief Luft, bevor sie antwortete.

»Was hast du gesagt, wie er hieß?«

»Perowne.«

»Nie gehört. Und was hat er also erzählt?«

Da war etwas mit ihrer Stimme. Eine Art Wachsamkeit, vermischt mit noch etwas anderem, ich konnte nicht sagen, ob es nur Irritation oder Beunruhigung war.

Vielleicht sogar beides. Ich legte ihr meine Hand auf den Arm, aber sie schien das gar nicht zu registrieren. Für einen schwindelerregenden Moment lang hatte ich die Vision, eine mir vollkommen fremde Frau säße neben mir, eine, die ich noch nie zuvor gesehen hatte, die ich nur als Anhalterin vom Flughafen in die Stadt mitnahm, weil ich noch Platz im Auto hatte.

»Es ging um deine Jahre in London«, wiederholte ich.

Marlene drehte den Kopf und sah mich ein paar Sekunden lang an. Dann betrachtete sie erneut den Verkehr auf der Autobahn. Sie sagte nichts.

»Er behauptete, dich zu kennen.«

»Mhm?«

»Dass du mit seinem besten Freund verheiratet gewesen bist und dass ihr ein Kind zusammen hattet.«

Marlene reagierte nicht.

»Das war eine schlimme Geschichte, die er da erzählt hat, ich habe ihm natürlich nicht geglaubt. Willst du sie hören?«

Zunächst gab sie keine Antwort. Saß kerzengerade da und starrte durch die Windschutzscheibe, die Hände im Schoß gefaltet. Plötzlich wurde mir klar, dass unsere Ehe an einen dieser Punkte gelangt war, den alle Ehen vor dem Tod durchschreiten müssen und der immer ohne jede Vorwarnung auftaucht. Dieser nackte Augenblick ohne Gnade. Ich wartete ab.

»Gut«, sagte sie schließlich. »Ist wohl auch egal. Also, was hat er gesagt?«

Ich erzählte David Perownes Geschichte, und Marlene hörte mir zu, ohne mich auch nur ein einziges Mal zu unterbrechen. Ich war gerade am Ende, als wir in die Armastenstraat einbogen, und erklärte abschließend erneut, dass ich natürlich nicht ein einziges Wort von dem glaubte, was ich da zu hören bekommen hatte.

Dass nicht viel gefehlt hätte, und ich hätte ihm eins in die Fresse gegeben.

Ich weiß nicht, ob sie mir glaubte. Ich weiß nicht, ob ich es selbst glaubte.

Eine Weile saßen wir schweigend nebeneinander, während wir uns durch das Deijkstraaviertel zirkelten. Als wir zwischen zwei Linden in Zwille geparkt hatten, seufzte Marlene tief auf und schüttelte den Kopf.

»Wie sah er aus?«, fragte sie.
»Perowne?«
»Ja.«
Ich beschrieb ihn, so gut ich konnte. Sie nickte.
»Und der Mann auf dem Foto? Da auf der Bank.«
Ich beschrieb auch ihn.
»Und dir kam nichts verdächtig vor?«
»Was meinst du?«
»Du hast nicht gemerkt, dass es sich um dieselbe Person handelte?«
»Wie?«
»Dieselbe Person. Der Mann, den du bei Harry's getroffen hast, war der Gleiche, der mit mir und Jason auf der Bank saß.«
Ich hob die Hände. »Marlene, ich fürchte, ich …«
Sie unterbrach mich, indem sie mir einen Zeigefinger auf die Lippen legte.
»Komm, lass uns hochgehen und ein Glas Wein trinken, Maarten, ich glaube, ich muss dir einiges erklären.«
»Das Finstere?«, fragte ich.
»Wie schon gesagt«, erwiderte Marlene.

* * *

»Es stimmt, ich hieß Clara Maxwell«, begann sie.

»Aha«, sagte ich.

»Und es stimmt, ich war mit einem Christopher Maxwell verheiratet. Mit dem Mann, den du gestern bei Harry's getroffen hast.«

»Ich verstehe nicht, wie …?«, sagte ich, aber Marlene wedelte abwehrend mit der Hand.

»Lass mich von Anfang an erzählen, dann wirst du begreifen. Als ich gut ein Jahr in London gelebt hatte, ich arbeitete damals in einem großen Buchverlag, ja, da habe ich diesen Maxwell kennengelernt. Auf einer Party, er war frisch examinierter Chirurg … Haus in Greenwich, Geld wie Heu. Er war ein charmantes Schwein, den Charme sah ich sofort, das Schwein entdeckte ich erst später. Wir heirateten ein halbes Jahr darauf, und dann dauerte es noch zwei Monate, bis mir klar wurde, dass ich den Fehler meines Lebens begangen hatte.«

Sie machte eine kleine Pause und trank einen Schluck Wein.

»Christopher ist ein Psychopath, Maarten, es gibt dafür keine andere Bezeichnung. Er ist der widerlichste, unangenehmste Mensch, der mir in meinem ganzen Leben begegnet ist. Er kann alle manipulieren, ich dachte, ich wäre ihm entkommen, aber das war natürlich eine … eine übereilte Hoffnung.«

Sie erschauerte. Wir saßen beide auf unserem roten Sofa, ich hatte ein Feuer im Kamin entzündet, es war angenehm warm im Zimmer, aber es sah so aus, als fröre Marlene tatsächlich.

»Bist du krank?«, fragte ich.

Sie schüttelte den Kopf. »Das ist nur der Widerwillen«, erklärte sie. »Wenn Christopher mich gefunden hat, heißt das, dass es schlecht für uns aussieht. Ich hatte gehofft, er würde nie …«

Sie brach ab.

»Erzähl weiter«, sagte ich. »Was ist dann in London passiert?«

Sie trank erneut einen Schluck Wein und hob wieder an.

»Mehrere Jahre lang versuchte ich, von ihm loszukommen, aber es ging nicht. Ich hatte einfach nicht genügend Kraft, ihm entgegenzutreten. Ich versuchte, ihn dazu zu bewegen, einer Scheidung zuzustimmen, aber er erklärte, dann wollte er mich lieber umbringen. Oder sich selbst. Oder uns beide. Als ich mich einer Freundin anvertraute, glaubte sie mir nicht. Du weißt ja, wie ich es mit Freundschaften seitdem halte.«

»Und Jason?«

Eine halbe Sekunde lang zögerte sie.

»Jason war die Frucht einer Vergewaltigung. Jedenfalls mehr oder weniger, nach ungefähr zwei Jahren weigerte ich mich, mit Christopher zu schlafen. Aber ab und zu zwang er mich dazu. Ich hätte natürlich eine Abtreibung machen sollen, aber ... ja, ich war zu schwach, so kann man es wohl nennen. Und ich war einsam und hatte Angst.«

»Ich verstehe.«

»Es stimmte etwas nicht mit Jason. Er war nicht wie andere Kinder, sondern passiv und introvertiert, es war schwer, Kontakt zu ihm zu bekommen, und manchmal konnte er entsetzlich aggressiv werden. Ich versuchte mit einem Experten zu sprechen, um eine Diagnose zu bekommen, aber Christopher verachtete alle Ärzte. Er wisse es selbst am besten, behauptete er, und eines Abends ertränkte er ihn in der Badewanne.«

»Er ertränkte ...«

»Ja. Er versuchte auch mich zu töten, aber ich konnte entkommen. Er stand unter Drogen und war total wahnsinnig. Er wurde für Totschlag, Misshandlung, Bedrohung und einiges andere verurteilt, gleichzeitig aber für vollkommen gesund erklärt und musste seine Strafe in einem normalen Gefängnis absitzen. Zwölf Jahre, wenn er jetzt draußen ist, muss das bedeuten, dass er geflohen ist oder vorzeitig entlassen wurde. Ich habe eine geschützte Identität beantragt und sie auch bekommen, und … ja, um eine lange Geschichte kurz zu machen, da hast du meine Finsternis.«

»Mein Gott«, sagte ich. »Wenn ich nur …«

»Was?«, fragte Marlene. »Wenn du nur gewusst hättest, was hätte das zwischen uns verändert?«

»Vielleicht nichts«, sagte ich. »Aber dass du so eine Hölle hast durchmachen müssen …«

Sie lachte auf, kurz und freudlos. »Ich hatte ja alles begraben, Maarten. Ich war ja frei davon.«

»Aber ich verstehe nicht, warum du ihn nicht verlassen hast. Warum du nicht weggelaufen bist oder so.«

Sie zuckte mit den Schultern. »Manchmal war er auch anders. Dann hat er um Verzeihung gebeten und wollte sich bessern. Ich habe ihm geglaubt, ich wollte mir natürlich einbilden, dass sich alles ändern würde … man belügt sich in so einer Lage selbst, du weißt doch, wie das ist, nicht wahr? Man ist schwach.«

Ich nickte. Natürlich wusste ich, wie das war.

»Aber jetzt ist er also zurück?«, sagte ich. »Was glaubst du, was er will?«

»Mich«, sagte Marlene. »Er will mich, das ist ja wohl klar.«

Und dann war es, als würde plötzlich alles in ihr zusammenbrechen. Das Weinglas, das sie in der Hand gehalten hatte, fiel zu Boden und zerschellte. Sie schrie auf, packte ein Kissen und drückte es sich aufs Gesicht, während sie sich in einer Ecke des Sofas in Fötusstellung zusammenkrümmte und den Kopf hin und her warf. Ich versuchte, sie zu umarmen, wiegte sie vorsichtig in meinen Armen hin und her und tat alles, was in meiner Macht stand, um ihr Zittern zu dämpfen. Nach einiger Zeit wurde sie ruhiger, legte das Kissen hin und starrte mich mit roten Augen an.

»Maarten«, sagte sie. »Es tut mir leid, dass es so gekommen ist. Ich habe wirklich geglaubt, ihm entkommen zu sein, ich hätte sonst nie ...«

»Immer mit der Ruhe«, sagte ich. »Wir gehen einfach zur Polizei.«

Sie schüttelte den Kopf. »Das ist keine gute Idee, Maarten. Ich kenne ihn, er wird auch sie manipulieren, er wird uns das Leben zur Hölle machen.«

»Nun rede keinen Blödsinn, Marlene. Er hat ja wohl kein Recht hierherzukommen und ...«

»Christopher Maxwell fragt nicht danach, wozu er das Recht hat«, sagte Marlene. »Bitte glaube mir,

Maarten. Er ist ein Teufel. Ich habe sechs Jahre mit ihm zusammengelebt.«

Ich verstummte. Marlene putzte sich mit einer Serviette die Nase und richtete sich auf dem Sofa auf. Es vergingen fünf Sekunden.

»Also, was meinst du, sollen wir tun?«

Sie zögerte einen Augenblick, ein junges Mädchen rief draußen auf der Straße etwas, und ein Mann lachte laut. »Ich werde ihn töten, Maarten. Es gibt keine andere Lösung.«

»Mein Gott, Marlene, das ist doch wohl nicht dein …?«

»Du musst diese Entscheidung schon mir überlassen, Maarten. Entweder wir wollen für den Rest unseres Lebens in der Hölle leben, oder ich schaffe ihn aus dem Weg. Das hier ist kein …«

»Ja?«

»Das hier ist keine Entscheidung, die ich jetzt und hier treffe, Maarten. Ich habe immer gewusst, dass ich nur eine Alternative haben werde, wenn Christopher Maxwell jemals wieder in meinem Leben auftauchen sollte.«

»Aber …«

»Ich will das nicht mit dir diskutieren. Du musst meinen Entschluss akzeptieren.«

Ich trank mein Weinglas aus. Betrachtete ihr

schönes Gesicht einige Sekunden lang und die fest zusammengepressten Kieferknochen, die sie irgendwie noch schöner machten, dann nickte ich.

»In Ordnung. Dann machen wir es zusammen.«

»Nie im Leben«, sagte Marlene.

»Ich bin dein Ehemann.«

»Das spielt keine Rolle«, erklärte sie.

»Natürlich spielt das eine Rolle«, widersprach ich. »Ich akzeptiere deine Entscheidung, dann musst du aber auch meine akzeptieren.«

Sie beugte sich zu mir vor. Ihr Gesicht war so nah, dass es mir schwerfiel, es genau zu sehen. Ihr Blick schielte ein wenig, sie biss sich auf die Unterlippe, und ich spürte, dass ich auf einer Welle ritt. Mene mene tekel, dachte ich.

Dann kam sie mir noch näher, und wir küssten uns. Kurz, hart und brutal. Anschließend lehnte sie sich wieder zurück.

»Bist du dir sicher?«, fragte sie.

»Ich bin mir sicher«, antwortete ich.

»Gut«, sagte Marlene. »Wollen wir noch eine Flasche Wein öffnen und ein wenig planen?«

III

In den nächsten Wochen besuchte ich Harry's so gut wie jeden Abend, aber der Mann, der sich David Perowne genannt hatte, war nie dort. Ich blieb selten lange, trank ein Bier, höchstens zwei, meistens saß ich an demselben Tisch, an dem wir an dem bewussten Abend gesessen hatten. Unter einem finster dreinblickenden Humphrey Bogart und einer rätselhaft lächelnden Lauren Bacall. Ab und zu spielte ich mit dem Gedanken, den Barkeeper zu fragen, ob er Perowne noch einmal gesehen habe, aber jedes Mal hielt ich mich dann doch zurück.

In Hinblick auf Marlenes und meine Pläne wäre es dumm gewesen, erneut mit ihm in Verbindung gebracht zu werden, das sah ich ein. Äußerst dumm.

Für die Pläne war in erster Linie Marlene verantwortlich. Wir hatten sie bereits am ersten Abend skizziert, anschließend sprachen wir nicht mehr viel darüber. Alles stand unter dem Motto:

so einfach wie möglich. Wenn ich das nächste Mal Kontakt mit Perowne bekommen würde, sollte ich so tun, als hätte ich inzwischen angefangen, seinen Worten Glauben zu schenken. Ich sollte ihm vorschlagen, dass wir uns eines Abends bei mir daheim treffen könnten, wenn Marlene nicht anwesend war, um die Dinge etwas genauer zu besprechen. Und erst einmal in der Wohnung eingetroffen, würden Marlene und ich ihn mit vereinten Kräften umbringen. Es gab diverse Waffen, zwischen denen wir wählen konnten. Ein Schürhaken, ein Baseballschläger, ein Hammer.

Anschließend würden wir ihn in den frühen Morgenstunden in den Kofferraum des Autos verfrachten. In die Wälder zwischen Kerran und Weid fahren und ihn dort so tief wie möglich vergraben.

Ganz einfach, wie gesagt.

Wenn es doch so einfach gewesen wäre.

* * *

Das Problem war, dass er nicht auftauchte.

In der ersten Woche nicht. Nicht in der zweiten.

Das Problem war noch ein anderes.

In mir begannen Zweifel zu wachsen.

Sie kamen wie ein Dieb in der Nacht. Schlichen sich tagsüber, wenn Marlene bei der Arbeit war, aus den leeren weißen Blättern in der Schreibmaschine an mich heran. Oder an den Abenden bei Harry's, während ich dort saß und auf die Straße hinausstarrte, wo die Leute durch den Regen eilten – und plötzlich konnte ich sie nicht mehr abschütteln. Es schien, als hingen Zweifel und Regen auf irgendeine Weise zusammen, und es regnete jeden Abend.

Ich versuchte, den Schein zu wahren. Formulierte nie Fragen, wusste, dass ich es nicht so weit kommen lassen durfte. Nicht deren einschmeichelnde, niederträchtige Existenz erlauben.

Und dennoch war es da, ein wortloses Scheuern, ein Splitter, der unter einen Nagel geraten war und den man einfach nicht herausbekam.

Und was das Schlimmste war: Marlene sah es mir an.

»Worüber grübelst du die ganze Zeit?«, fragte sie eines Abends, als ich nach einer weiteren einsamen Stunde bei Harry's nach Hause gekommen war. »Was frisst du da in dich hinein?«

»Nichts«, antwortete ich. »Ich bin nur einfach diesen Regen leid.«

»Er ist heute Abend wieder nicht gekommen?«

»Nein.«

»Hast du heute etwas geschrieben?«

»Nicht eine Zeile.«

»Ich sehe, dass es noch etwas anderes ist.«

Wenn ich es in Worte hätte fassen können, vielleicht hätte ich es gesagt. Und vielleicht wären wir ab da getrennte Wege gegangen.

»Wir haben uns seit vierzehn Tagen nicht mehr geliebt.«

»Ich weiß.«

»Was passiert da mit uns, Maarten?«

»Ich weiß es nicht.«

* * *

Marlene veränderte sich auch. Ein äußerer Betrachter hätte es wahrscheinlich nicht bemerkt, ich schon.

Kleine, vertraute Zeichen. Ihre Art, mich anzusehen, wenn sie glaubte, ich würde es nicht merken. Ihr bewusst flaches Atmen, wenn sie im Bett lag und so tat, als schliefe sie. Ihr Tonfall, wenn sie mir über den Rücken strich und sagte, dass alles gut werde. Da war etwas. Doch wir sprachen nicht darüber. Das war zu heikel für Worte.

Und wir schliefen nicht mehr miteinander. Mehr als drei Wochen lang schien die Sonne außerdem nicht auf die Stadt. Die Dämmerung ging morgens in ein diffuses Licht über, ohne dass es richtig hell wurde. An gewissen Tagen machte ich mir nicht einmal die Mühe, mich überhaupt an die Schreibmaschine zu setzen.

Und Perowne tauchte nicht auf. Eines Abends, als fast schon ein Monat seit meinem Zusammentreffen mit ihm im Harry's vergangen war, sagte Marlene:

»Maarten, ich glaube, wir sollten uns für eine Weile voneinander trennen.«

So etwas hatte sie noch nie gesagt. Während der ganzen sechs gemeinsamen Jahre nicht. Ich wusste nicht, was ich darauf erwidern sollte. Mir war klar, dass ihr Vorschlag nicht falsch war, aber ich konnte ihm dennoch nicht zustimmen.

»Willst du das wirklich?«, fragte ich.

»Willst du es nicht?«, erwiderte Marlene. »Spürst du nicht, wie diese Situation uns unter die Haut geht? Wir müssen etwas tun, um sie aufzubrechen.«

»Vielleicht hast du ja recht«, sagte ich.

»Natürlich habe ich recht«, entgegnete sie.

* * *

Sie fuhr an einem Dienstag ab, wir hatten bereits Dezember.

Bevor wir uns am Hauptbahnhof trennten, umarmten wir uns lange schweigend. Gerade als sie in den Zug einsteigen wollte, sagte sie:

»Ich spüre, dass du glaubst, ich hätte es getan. Du glaubst, ich hätte meinen Mann und mein Kind umgebracht. Wenn du diesen Gedanken nicht von dir weisen kannst, werden wir nie wieder zusammenleben können, Maarten.«

»Ich weiß«, sagte ich.

»Wenn du das Gefühl hast, du müsstest in dieser Sache nachforschen, dann musst du auch den Preis dafür bezahlen.«

»Das ist mir schon klar«, sagte ich. »Ich werde nicht nachforschen.«

Dann gaben wir uns einen schnellen Kuss und wurden voneinander getrennt.

* * *

Mitte des Monats fiel der erste Schnee.

Ich saß an meinem Tisch bei Harry's und betrachtete die weißen Flocken, die zur Erde sanken und sich in der dreckigen Hoffnungslosigkeit der

Straße auflösten. Draußen eilten Menschen vorbei, noch schneller als sonst, jetzt, wo die Temperatur zum Winter hin gesunken war.

Ich hatte es mir zur Gewohnheit gemacht, jeden Abend dort ein paar Stunden zu verbringen. Vorzugsweise trank ich Bier, aber auch den einen oder anderen Whisky. Ich sprach nie mit jemandem, nicht mehr als die paar Worte, die ich mit dem Barkeeper wechseln musste, um das zu bekommen, was ich haben wollte. Ich hatte auch wieder angefangen zu rauchen.

Marlene ließ nichts von sich hören. Ich ließ nichts von mir hören. Ich wusste nicht, wo sie sich befand. Mit dem Schreiben kam ich auch nicht weiter. Jedes Mal, wenn die Kneipentür sich öffnete, warf ich einen Blick dorthin. Jedes Mal erwartete ich den Mann zu sehen, der sich David Perowne genannt hatte, aber es war immer jemand anderes.

In den Nächten fiel es mir schwer zu schlafen. Ich lag da und lauschte den verklingenden Geräuschen der Stadt, meistens fiel ich erst gegen Morgengrauen in den Schlaf. Trotzdem wachte ich meistens nach nur wenigen Stunden unruhigen Schlummers wieder auf. Mehrere Male träumte ich von einem Kind, das in einer Badewanne lag, einmal schreckte ich von einem Schrei hoch.

Es war mein eigener, und wenn ich an die Liebe zu Marlene dachte, sah ich sie wie eine glühende Kohle, die ich wegwerfen musste, um mir nicht die Hände zu verbrennen. Genau so.

Aber ich stellte keinerlei Nachforschungen an. Wartete darauf, dass etwas passieren würde. Dass sich die Lage veränderte.

Zwei Tage vor Weihnachten rief sie an.

»Hast du ihn gesehen?«, fragte sie.

Ich antwortete, dass ich ihn nicht gesehen hatte.

»Bist du deine Zweifel losgeworden?«

Ich gab keine Antwort.

»Es fällt mir schwer, noch sehr viel länger zu warten«, sagte Marlene.

»Mir auch«, sagte ich.

»Auf ein derartiges Leben kann ich gern verzichten.«

Mein Kopf war voller Worte, aber sie waren ineinander verwickelt bis hin zur Unbrauchbarkeit. Ich fühlte eine tiefe Scham, insbesondere wegen meiner selbst. Zum Schluss gelang es mir zu erklären, dass ich nicht verstand, wie es zu alldem hatte kommen können.

»Du bist derjenige, der alles entscheidet«, sagte Marlene, und dann legten wir auf.

Es war das Letzte, was sie mir sagte.

Ich sah David Perowne zum zweiten Mal bei der Beerdigung. Das war im Januar, wir waren nur eine kleine Gruppe, die sich auf dem Friedhof versammelt hatte. Bart und Ulrike und noch ein paar. Ein eisiger Wind blies über das offene Feld, und in dem Moment, als der Pfarrer begann, seine kurze Liturgie zu verlesen, entdeckte ich ihn. Gerade als die Urne in der Erde versenkt werden sollte. Es war mir ganz einfach nicht möglich, meinen Platz in der Runde zu verlassen.

Er kam den Bürgersteig die Mauer entlang heran. Blieb zwischen zwei kahlen Ulmen stehen und betrachtete unser Treiben, es waren nicht mehr als zwanzig Meter zwischen uns. Dieses Mal trug er keine Brille, aber ich erkannte ihn wieder, da gab es keinen Zweifel. Seine hochgezogenen Schultern und das lange Gesicht mit den tief sitzenden, bohrenden Augen. Er kratzte sich am Hals und zog an einer Zigarette. Unsere Blicke begegneten sich für ein paar Sekunden.

Fünf oder sechs, schätze ich. Nicht mehr, nicht weniger. Zuerst sah er sehr ernst aus, fast bekümmert, dann wuchs ein Lächeln. Es breitete sich über sein Gesicht aus wie der Schatten eines Raubvogels über eine Landschaft.

Ich verspürte kurz den Drang, zu ihm zu laufen, aber gerade da, genau in dieser Sekunde, legte mir der Pfarrer die Hand auf den Arm. Es war an der Zeit, Marlenes sterbliche Überreste ins Grab zu legen.

Nein, wie die Umstände waren, so gab es absolut keine Chance für mich, Kontakt zu dem Mann aufzunehmen, der sich David Perowne genannt hatte.

Er drehte den Kopf. Warf seine Zigarette fort und ging zu einem schwarzen Auto, das auf der anderen Straßenseite stand. Stieg ein und fuhr davon.

Ich habe ihn seitdem nie wiedergesehen. Ich forsche nicht nach, verbringe aber meine Tage und meine Nächte mit dem Versuch, dieses Lächeln zu deuten.

Aus dem Schwedischen von Christel Hildebrandt

Das unerträgliche Weiß zu Weihnachten

❄

Das Rattengift sah genauso aus wie Schnee. Ihr gefiel der Gedanke, dass ihre Mutter durch ein wenig Schnee sterben sollte. So hing irgendwie alles zusammen. Die Farbe, das Friedvolle und all das. Und Weihnachten.

Obwohl natürlich niemand erfahren würde, woran sie gestorben war. In Wirklichkeit. Niemand würde diese Verbindung zwischen dem Schnee und dem Rattengift ziehen, niemand außer ihr selbst. Das war schade, vielleicht konnte sie es ihrem Vater sehr viel später einmal, in ferner Zukunft, erzählen. Nachdem er eine andere, sehr viel bessere Frau gefunden und fast vergessen hatte, dass er vor vielen, vielen Jahren mit Beates hoffnungsloser Mutter verheiratet gewesen war.

Vielleicht würde er ihr dann dankbar sein. Es war gut, dass du deine Mutter umgebracht hast, würde er sagen. Sie war so anstrengend, es ging uns doch so viel besser, uns beiden, nachdem sie unter der Erde war. Ja, vielen, vielen Dank, Beate, das mit dem Rattengift, das war wirklich schlau von dir.

Aber vielleicht brauchte sie ja gar nicht zu sterben, wenn man es genau betrachtete. Es war noch zu früh, sich in dieser Sache endgültig festzulegen. Viel zu früh.

Sie drehte den Kopf und schaute auf die kleine Kalenderuhr, die über ihrem Nachttisch an der Wand hing.

Der 23. Dezember, stand darauf, 23.55 Uhr.

Morgen, dachte sie und löschte das Licht, morgen ist Heiligabend. Dann werden wir sehen. Entweder ich kriege ein Hundebaby. Oder ich bringe Mama um.

Und obwohl es ein langer Tag gewesen war und obwohl sie so müde war, dass ihr der Kopf brummte, faltete sie die Hände und sprach ihr Abendgebet. Es dauerte nur ein paar Sekunden, denn sowohl sie als auch der liebe Gott kannten die Worte auswendig. Doch bevor sie die Hände wieder auseinandernahm, fügte sie noch ein paar Sätze hinzu.

»Lieber Gott, ich hoffe trotz allem, dass es ein Hundebaby wird«, flüsterte sie in die Dunkelheit. »Bestimmt ist es ziemlich anstrengend, wenn man noch so jung ist wie ich und keine Mama mehr hat. Und manchmal kocht sie richtig gutes Essen, das muss man ihr lassen. Besonders diese Pfannkuchen mit Brombeermarmelade, du weißt schon, welche ich meine.«

Zufrieden mit diesem freundlichen und gerechten Gedanken drehte sie sich auf die Seite und schlief ein.

Papa hatte ihr das Hundebaby gezeigt. Oder die Hundebabys, genauer gesagt, denn als sie es zum ersten Mal sah, waren es vier Stück plus Mama Cleopatra – und sie waren gerade frisch geboren, bis auf Cleopatra natürlich, und sie lagen zusammen auf einer Matratze in der Küche, daheim bei der Familie Verhaven, acht Häuser weiter die Straße hinunter, fast direkt bei der Kirche.

Papa und Herr Verhaven arbeiteten beide bei Pinkertons, das taten fast alle Männer hier im Ort, und alle wussten, dass Vladimir Verhaven ein richtiger Prachtkerl war. Beate war sich nicht sicher, was das eigentlich war, außer dass es auf jeden Fall etwas Gutes sein musste, und konnte man nichts anderes werden, dann konnte man zumindest versuchen, ein Prachtkerl zu werden. Beates Mutter beispielsweise war ganz und gar kein Prachtkerl.

»Verhavens haben Welpen gekriegt, willst du mitkommen und sie dir angucken, Beate?«, hatte Papa sie eines Abends gefragt, als er von Pinkertons heimgekommen war und Mama erklärt hatte, das mit dem Abendessen würde noch mindestens eine Stunde dauern. »Das passt doch gut, zieh dir die Jacke an, dann gehen wir gleich hin.«

Und wie gut das gepasst hatte. Nie zuvor in ihrem Leben hatte Beate etwas so Niedliches gesehen. Vier kleine, zottige, braune Klumpen – und ein großer zottiger Klumpen, in den sie sich hineinzubohren versuchten. Ohren, groß und weich, die wie von selbst flatterten, und Schwänze, die wedelten, und Tatzen, die auch mehrere Nummern zu groß waren. Cleopatra hatte sich mit Buller vom Schlachter gepaart, wie Herr Verhaven erzählte, und das war nun dabei herausgekommen.

Nach einer Weile war auch Frau Verhaven nach Hause gekommen, und sie hatte sofort einen der Welpen hochgenommen und ihn Beate in die Arme gelegt. Er war warm und weich, zitterte ein wenig und leckte ihr die Hände. Ich liebe dich, kleines Hündchen, hatte sie gedacht. Mit dir will ich zusammen sein.

Nie zuvor war ihr dieser Gedanke gekommen, und hinterher hatte sie begriffen, dass das ein Zeichen dafür war, dass sie erwachsen wurde.

Zehn Jahre. Denn es ist schon ein gewaltiger Unterschied zwischen zehn und erst neun.

Ganz zu schweigen von acht.

Während sie am Kanal entlang nach Hause gegangen waren, hatte sie ihre Hand in Papas geschoben und ihm die Sache erklärt.

»Ich will diesen Welpen«, hatte sie gesagt. »Ich kann ganz genau fühlen, dass ich ohne ihn nicht leben kann.«

»Ich glaube nicht, dass das möglich ist«, hatte er auf diese wehmütige, besorgte Art und Weise geantwortet, in der er ab und zu sprach, als trüge er den Kummer der ganzen Welt auf seinen Schultern. »Nein, so, wie es im Augenblick aussieht, haben wir wohl keine Möglichkeit, uns einen Hund zu halten.«

Wie es im Augenblick aussieht.

Was um alles in der Welt sollte das bedeuten?

Sie war schon drauf und dran, ihn danach zu fragen. *Was soll das bedeuten? Wie es im Augenblick aussieht?*

Aber sie fragte nicht, wusste sie doch ganz genau, worum es ging. Ganz genau.

Es ging um Mama. Mama wollte keinen Hund. Mama wollte auch keine Katze. Sie wollte sowieso nie etwas haben, zumindest nichts, was auch nur die geringste Arbeit machen konnte.

Kein Auto. Kein Aquarium. Keine weiteren Kinder, mit Beate war es schon schlimm genug. Natürlich sagte sie das nicht, aber Beate wusste, dass sie genau das dachte.

Alle anderen Mädchen in Beates Klasse hatten Geschwister. Einige sogar mehrere. Die merkwürdige Madeleine hatte drei Brüder und drei Schwestern. Mama schnaubte jedes Mal, wenn die Sprache auf sie kam, und sagte, das habe etwas mit ihrer Religion zu tun.

Und Kanarienvögel und Kaninchen und Paddelboote und alles Mögliche andere hatten sie auch noch.

Wie zum Beispiel Hunde. Christa hatte einen Pudel und Frida einen großen Dalmatiner, der Blixten hieß.

Aber keiner hatte ein Tier, das auch nur annähernd mit Lazarus zu vergleichen war.

Lazarus?, dachte sie verwundert. Ja, so hieß er tatsächlich. Noch bevor sie an diesem Tag zu ihrem verspäteten Essen nach Hause kamen, hatte sie ihm bereits einen Namen gegeben. Das musste ja wohl etwas zu bedeuten haben.

Dass sie zusammengehörten, Beate und Lazarus. Das war so sicher wie das Amen in der Kirche und Frau Apfels Arsch, wie Herr Apfel aus dem Nachbarhaus zu sagen pflegte. Sie hatte nie so recht begriffen, was er damit eigentlich meinte, jedenfalls hatte es überhaupt nichts mit Religion zu tun, und vielleicht war es einfach nur so, dass man das, was man nicht richtig verstand, am besten im Gedächtnis behielt.

Eine Sache, die sie hingegen verstand: Wären sie eine Zwei-Personen-Familie gewesen – Beate und Papa – statt eine Drei-Personen-Familie, dann wäre es überhaupt kein Problem mit einem Hund. Und mit anderen Dingen auch nicht, sie könnten sich sowohl Geschwister wie auch eine Popcornmaschine und japanische Tanzmäuse anschaffen, wenn sie nur zu zweit wären.

Inzwischen waren sieben Wochen vergangen, seit sie die Welpen zum ersten Mal gesehen hatte. Jeden Tag hatte sie mit Papa über Lazarus geredet. Nicht genervt, nur geredet. Ihn sozusagen im Vorübergehen erwähnt, immer darauf bedacht zu betonen, dass sie sich dieses Jahr wirklich nichts zu Weihnachten wünsche.

Überhaupt nichts.

Nur Lazarus.

Sie hatte das auch Mama gesagt, besonders in den letzten Tagen, als der Schnee gekommen war und es plötzlich so aussah, wie es an Weihnachten aussehen sollte – aber bei Mama hatte sie darauf geachtet, sich in etwas anderer Tonlage auszudrücken.

Verständiger, erwachsener.

»Ich habe gehört, dass Leute, die einen Hund haben, friedvoller werden«, erwähnte sie beispielsweise beiläufig.

Oder: »Letzte Woche stand in der Zeitung, dass Haustiere das Liebesleben verbessern.«

Manchmal wusste sie selbst nicht so recht, was sie da eigentlich von sich gab, doch sie hatte gemerkt – und ganz besonders in der letzten Woche –, wie Mama weich wurde.

Nicht, dass sie jemals zugab, wie lustig es sein könnte mit einem kleinen Lazarus im Haus. Oder dass sie Beates Weihnachtsgeschenk schon besorgt hätten und sie damit zufrieden sein würde. Nein, so etwas sagte Mama nie, aber es war etwas an ihrer Art, die Tochter anzusehen, wenn sie erfuhr, dass »Hunde tatsächlich lernen können, auf die Toilette zu gehen und anschließend zu spülen«, das darauf hindeutete, dass … wie sagte man? … dass ihre Abwehr zu bröckeln begann?

Einen Sprung bekommen hatte, dachte Beate, als sie die Augen am Morgen des Heiligabend aufschlug. Denn natürlich hatten Mama und Papa sich entschieden. Sie wussten schon lange, was ihre Tochter zu Weihnachten bekommen sollte, es machte keinen Sinn, noch weiter mit der listigen Hundepropaganda fortzufahren.

Entweder – oder, heute war der Tag der Entscheidung. Und wurde es kein Lazarus, dann wurde es also Rattengift.

Papa war derjenige gewesen, der ihr auch das gezeigt hatte. Vor ein paar Wochen – eigentlich ganz kurz, nachdem sie Lazarus zum ersten Mal gesehen hatte – hatte Mama berichtet, dass sie Ratten im Keller bemerkt habe. Oder zumindest Spuren von ihnen, und am nächsten Tag war Papa mit einem Päckchen aus der Apotheke nach Hause gekommen.

Er hatte Beate mit zu dem Geräteschuppen genommen und ihr erklärt, dass das weiße Pulver in der Dose dazu da war, die Ratten im Keller loszuwerden, und dass es so giftig war, dass ein Mensch nur einen Viertelteelöffel davon zu sich nehmen musste, um auf der Stelle daran zu sterben. Es gab viele Beispiele derartiger Unfälle, und Beate musste ihm versprechen, nie, nie, nie überhaupt auch nur in die Nähe der braunen Dose zu kommen, und wenn sie irgendwo in einer Ecke im Keller etwas Weißes sah, dann musste sie einen großen Umweg darum machen.

Beate hatte erwidert, dass sie ja nun kein Dummerchen mehr sei, wenn sie das denn überhaupt jemals gewesen war, und Papa tätschelte ihr die Wange und sagte, dass er das schon wisse, aber sie könne doch trotzdem Papas kleines Mädchen bleiben, oder?

Sie wollte schon darauf antworten, dass es eigentlich nur zwei Dinge auf der Welt gab, die ein Mädchen ihres Kalibers brauche, und das seien ein Papa und ein Hund, aber das wäre an der Grenze zur Schleimerei gewesen, deshalb sagte sie stattdessen, dass es jetzt für sie an der Zeit sei, sich an ihre Matheaufgaben zu setzen.

Schon eine Messerspitze sei genug, um einen Boxer umzubringen, hatte Papa unterstrichen, sich auf die Zehen gestellt und die Dose aufs oberste Regal gestellt.

Als ihr ein paar Tage später klar wurde, wofür sie das weiße Pulver benutzen konnte, hatte sie fast das Gefühl, als hätte er es verstanden. Schon damals, an diesem Tag im Geräteschuppen, da war etwas mit seiner Stimme, als er das von dem Boxer sagte.

Nein, so konnte es nicht sein. Manchmal tauchten einfach Gedanken in Beates Kopf auf, die so verrückt waren, dass sie sie einfach vernichten musste.

Wie Unkraut.

Gegen Mittag kam Mamas Bruder Widmar mit seiner Frau Clara zum Essen. Es war genau wie in allen Jahren zuvor, nur dass sie dieses Mal ein kleines Baby dabeihatten. Es war erst zwei Monate alt, und irgendetwas stimmte nicht mit ihm. Es lag in seinem Körbchen und schlief die ganze Zeit, und hinterher erklärte Mama, dass es irgendeine Krankheit von Clara geerbt habe und vermutlich nicht sehr lange leben werde.

Beate bekam von Onkel und Tante ein Buch, wie jedes Jahr. Dieses Mal hieß es »Ein wahres Leben. Christlicher Wegweiser für junge Mädchen«, und es war von einem gewissen Pastor Alois Hingsen geschrieben. Beate war überzeugt davon, dass es keine zwei langweiligeren Menschen auf der ganzen Welt geben könne als Widmar und Clara Jeffermoos, und nur ein Glück, dass sie einander gefunden hatten, so dass niemand sonst betroffen war.

Wenn ich deren Baby wäre, hätte ich auch versucht, so schnell wie möglich zu sterben, dachte sie.

Später, im Laufe des Nachmittags, schneite es noch ein wenig, schnell wurde es dunkel, und so langsam kamen die Gefühle auf, die zum Heiligabend gehören. Papa zündete das Feuer im Kamin an, Mama holte Glühwein, Bonbons, Feigen und einen Mandelkuchen hervor, und dann war es Zeit fürs Verteilen der eigenen Weihnachtsgeschenke.

Schnell wurde ihr klar, dass es doch kein Lazarus werden würde. Es sei denn, sie würden ihn aufsparen als die besonders tolle Überraschung bis ganz zum Schluss, wenn schon fast alles vorbei war.

Dann würde Papa aus seinem Sessel aufstehen, sich strecken und sagen, dass sie ja noch etwas vergessen hätten, wie konnten sie nur so vergesslich sein? Und dann würde er hinausgehen und einen großen, bellenden Karton aus dem Schlafzimmer holen. Beate hatte sich bewusst den ganzen Nachmittag über vom Schlafzimmer ferngehalten, um ihnen diese Möglichkeit nicht zu versperren. Denn schließlich gab es nicht so viele Orte im Haus, an denen man einen kleinen Hundewelpen verstecken konnte.

Bis auf den Keller, aber in dem war ja Rattengift ausgelegt worden.

Doch es gab keine derartige Überraschung. Statt Lazarus bekam Beate einen gestrickten Pullover mit roten Äpfeln drauf, ein Paar gebrauchte Schlittschuhe, die zwei Nummern zu groß waren, so dass sie gut hineinwachsen konnte, sowie eine alberne, aber vermutlich ziemlich teure Dose mit Perlmuttdeckel für ihre Stifte und Radiergummis.

Mama bekam von Papa einen weißen Bademantel und von Beate einen dünnen Topflappen, den sie im Handarbeitsunterricht gehäkelt hatte und der von Anfang an nichts hatte werden wollen. Papa bekam von Mama ein kariertes Hemd und von Beate ein Paar Stiefel. Mama hatte die Stiefel gekauft, aber Beate war mitgewesen und hatte das Geschenk eingewickelt.

Aber kein Lazarus.

Kein Papa, der aufstand und sagte, er habe noch etwas vergessen. Kein bellender Karton mit einem braunen, unwiderstehlichen Knäuel darin, was bedeutet hätte, dass das Leben endlich ein wenig Sinn bekäme. Sie sah Papa an, dass er sich wünschte, es wäre so. Dass es so einen Karton gäbe. Er saß da und schien traurig zu sein und … wie sagte man? … *bedrückt*, wie er es manchmal war, besonders in letzter Zeit, sie hatte das schon häufiger gedacht, es war, als schwebte eine dunkle Wolke um seinen Kopf, ja, genauso sah es wirklich aus.

Armer Papa, dachte Beate, du hast auch kein besonders lustiges Leben – während Beates Mama unbeeindruckt das Geschenkpapier einsammelte, die Bögen zusammenfaltete, die noch einmal benutzt werden konnten, und sie in einen Schrank stopfte, um dann den Rest ins Feuer zu werfen.

»Zeit, in die Kirche zu gehen«, sagte sie. »Zeit, ein bisschen daran zu denken, warum wir heute eigentlich feiern.«

Na gut, dachte Beate. Das entscheidet alles.

Sie hatte bereits die entsprechende Dosis herausgeholt, und sie hatte einen Plan.

Der war einfach und praktisch, wie Pläne sein sollen, und sie folgte ihm Punkt für Punkt.

Als sie aus der Kirche zurückkamen, zeigte die Uhr bereits Viertel nach neun, sie waren noch eine Weile stehen geblieben und hatten mit Pastor Grillenpfatz und einigen anderen Gottesdienstbesuchern gesprochen, einander Frohe Weihnachten gewünscht, Frieden auf Erden, und was man so wünscht, und Beate hatte ausreichend Zeit gehabt, die Details noch einmal im Kopf durchzugehen.

Es war wirklich nicht besonders kompliziert.

»Soll ich euch euren Abendtee kochen?«, fragte sie, als sie noch im Flur standen und sich aus den Mänteln schälten.

»Das ist aber lieb von dir«, sagte ihre Mutter. »Ja, mach das, Papa und ich setzen uns schon ins Wohnzimmer.«

»Vielen Dank, Beate«, sagte Papa. »Du kannst uns dann auch etwas von dem Rosenzwieback mitbringen.«

»Ja, natürlich«, nickte Beate und huschte hinaus in die Küche.

Sie hatte das Rattengift unter der Spüle versteckt. Genau gesagt hinter der Putzlade in einem Fingerhut, und als sie das Pulver in Mamas roten Teebecher kippte, dachte sie, dass sie das eigentlich schon viel früher hätte tun sollen. Alles wäre viel einfacher gewesen, wenn Mama vor drei, vier oder fünf Jahren gestorben wäre.

Andererseits war natürlich eine gewisse Reife nötig, um seine Mutter zu töten, das lag in der Natur der Sache. Sie rührte beide Becher um, holte aus der Blechdose in der Speisekammer eine Handvoll Zwieback und legte sie auf den kleinen Brotteller, stellte alles auf ein Tablett und trug es ins Wohnzimmer.

Papa hatte den Kamin wieder angezündet, Mama blätterte in einer Zeitschrift. Plötzlich hatte sie große Lust, etwas Freundliches zu Mama zu sagen, jetzt, wo sie zum letzten Mal die Gelegenheit hatte, mit ihr zu sprechen, aber sie wusste nicht, was. Es schien, als wollten die Worte nicht auf ihre Zunge kommen.

»Hast du dir selbst nichts mitgebracht?«, fragte Papa etwas verwundert. »Wir könnten doch noch ein bisschen zusammensitzen und uns unterhalten.«

»Nein, danke. Weißt du, Papa«, sagte Beate. »Es war so ein langer Tag, ich glaube, ich gehe lieber hoch und leg mich schlafen.«

»Ja, mach das, mein Herzchen«, sagte ihre Mama, die bald tot sein würde, und Beate dachte, dass es doch merkwürdig sei, dass sie jetzt so etwas Freundliches, Liebes wie »mein Herzchen« sagte. Das sagte sie sonst nicht.

Aber vielleicht begriff sie ja in ihrem tiefsten Inneren, dass sie bald tot sein würde, und das ließ sie genau diese Worte wählen. Es gab vieles, was im Zusammenhang mit dem Tod unklar war, und auch mit Menschen, die nur noch wenige Minuten zu leben hatten. Sie konnten so eine Art sechsten Sinn entwickeln, das hatte sie gelesen, auch wenn sie sich selbst dessen gar nicht bewusst waren.

»Gute Nacht, liebster Papa, gute Nacht, liebste Mama«, sagte sie, und beide schauten einen Moment lang ein wenig verwirrt auf. Vielleicht war es ihnen ja peinlich, dass sie ihr keinen Hund geschenkt hatten, zumindest Papa, aber jetzt war es zu spät, noch etwas an der Sache zu ändern.

Oder besser gesagt, zu früh. Morgen wären sie nur noch eine Zwei-Personen-Familie, und dann würde alles irgendwie einfacher sein.

Unendlich viel einfacher.

»Gute Nacht, Beate«, sagte Mama.

»Schlaf gut, mein Mädchen«, sagte Papa.

»Ich hoffe, der Tee schmeckt euch«, sagte sie. »Ich habe ihn vielleicht ein bisschen stark werden lassen.«

Dann nickte sie ihnen zu, nahm ihren Pullover, ihre Schlittschuhe und ihre Perlmuttschachtel und ging die Treppe hinauf.

Sie drehte den Kopf und schaute auf die kleine Kalenderuhr, die sie von daheim mitgenommen hatte.

Der 23. Januar, stand da. 23.55 Uhr.

Sie hatte ein wenig geweint. Vielleicht hatte sie deshalb nicht einschlafen können. Sie hatte den Ausdruck gehört, man könnte sich in den Schlaf weinen, aber bisher hatte das bei ihr noch nie geklappt. Wenn man weint, ist man wach, dachte sie, sonst ist es ja irgendwie kein richtiges Weinen.

Sie überlegte, ob sie eigentlich traurig war. Und wenn ja, wie sehr.

Natürlich war es betrüblich, dass Papa tot war.

Gleichzeitig war sie ein wenig wütend auf ihn. Dass er auch so verdammt dumm sein konnte, aus dem roten Becher zu trinken, wo er doch sonst immer, wirklich immer den blauen nahm, ja, da hatte er wirklich selbst Schuld. Wenn sie irgendwann einmal in den Himmel kommen und mit ihm würde sprechen können, dann wollte sie es ihm erklären.

Und jetzt hatte sie seit einem Monat jeden Abend zu Gott gebetet, dass er ihm das doch erklären möge. Es wäre wirklich zu dumm, wenn ihr Papa da oben zwischen den Engeln in dem Glauben herumliefe, dass Beate ihn tatsächlich mit Absicht ermordet hätte.

Ja, das wäre wirklich schrecklich, und vielleicht hatte sie ja deshalb geweint – und natürlich weil sie gezwungen war, ein ganzes Leben lang zu warten, bis sie ihn wiedertraf. Das *war* traurig.

Auch mit ihrer Mutter konnte sie sich nicht so ohne weiteres treffen, was sie aber nur schön fand. Sie hatten sie fast umgehend eingesperrt, sobald man entdeckt hatte, dass ihr Mann an Rattengift gestorben war, und nach dem, was Beate verstand, würde sie ziemlich lange im Gefängnis bleiben. Fünfzehn Jahre mindestens, vielleicht noch länger.

Und es war nicht so leicht, mit ihr zu reden,

wenn sie dann doch einmal ihre Mutter im Knast besuchen durfte. Wenn Beate in diesem übelriechenden Raum dem stummen Blick ihrer Mutter begegnete, dann war es, als ob … ja, sie wusste es auch nicht so genau. Als verwandelte er sich in ein großes, dunkles Loch – oder in die schwarze Wasseroberfläche eines Brunnens, in den Beate jeden Moment hineinfallen konnte, wenn sie nicht aufpasste, und dann … dann würde es ihr nie wieder gelingen, dort herauszukommen. Genau dieses Bild tauchte tatsächlich in ihrem Kopf auf, als sie und ihre Mutter sich gegenübersaßen, jede auf ihrer Seite des Gitters, ohne einander länger als für den Bruchteil einer Sekunde in die Augen zu sehen, während eine aufgedunsene Wächterin dabeistand und genervt mit ihrem großen Schlüsselbund klapperte.

Nein, dachte Beate, es ist wirklich das Beste, wenn sie ihre Mama nicht mehr sehen und nicht mehr mit ihr sprechen musste.

Das war ja von Anfang an eigentlich die Idee gewesen, aber Papa hatte nie etwas von Totenschein, Obduktion und so etwas erzählt, das hätte er lieber tun sollen, und auch das wollte sie ihm sagen, wenn sie sich in siebzig oder neunzig Jahren im Himmel trafen.

Insgesamt war es schon ziemlich unangenehm, das war nicht zu leugnen. Sowohl mit Mama wie auch mit Papa, der eine ermordet, die andere im Gefängnis, damit war sie etwas Besonderes in der Schule, und ihr Foto war auch in der Zeitung gewesen.

Aber es gab auch erfreuliche Dinge, und wenn sie es genau betrachtete, dann spürte sie, dass die Waage vielleicht doch in die andere Richtung ausschlagen könnte. Die Zeit heilt alle Wunden, das wusste jeder Knirps, und die Verhavens waren wirklich eine nette Familie. Frau Verhaven – oder Grete, wie sie hieß – war mindestens genauso ein Prachtkerl wie ihr Mann, wenn Frauen überhaupt Prachtkerle sein konnten, das hatte sie noch nicht so recht herausgefunden – und das Zimmer, in dem sie wohnte, war größer und heller als ihr altes. Es hatte sogar ein Dachfenster, durch das sie eine Baumkrone und ein Stück vom Himmel sehen konnte.

Und drei Geschwister hatte sie noch dazu bekommen, sie kannte sie ja ein kleines bisschen von früher, besonders Mark, der Locken hatte und eine Klasse über ihr in die Schule ging, und wenn Schnee und Eis erst einmal geschmolzen waren, dann wollten sie ihr ein neues Fahrrad kaufen.

Ein rotes, das hatte Herr Verhaven versprochen. Er hieß eigentlich Vladimir, doch es gefiel ihr aus irgendeinem Grund besser, ihn Herr Verhaven zu nennen. Oder Herr Prachtkerl, wie gesagt.

Auf jeden Fall war er ihr neuer Papa, und wenn sie das alles bedachte, summa bienenbrumma, wie Frau Mathisen in der Schule immer zu sagen pflegte, dann musste sie zugeben, dass es trotz allem hätte schlimmer kommen können. Sehr viel schlimmer.

Sie holte tief Luft und löschte das Licht.

Drehte sich auf dem Kissen um, legte einen Arm um Lazarus und schlief ein.

Aus dem Schwedischen von Christel Hildebrandt

Nicht nur zu Weihnachtszeit ...

Wunderbare Weihnachtsmorde
Erzählt von Håkan Nesser, Åsa Larsson, Helene Tursten u.v.a.
304 Seiten · 74185
320 Seiten · Leinenbändchen · 74358

Skandinavische Autoren und Autorinnen wissen, wovon sie erzählen: Hier sind sie, die besten bösen Geschichten zum Fest!

Einmal werdet ihr noch wach
Mörderische Weihnachtsgeschichten von Nicci French, Tilmann Bünz, Esther Verhoef, Mike Nicol u.a.
240 Seiten · 74533

Wenn süßer die Glocken nie klingen, gibt es nicht nur Frieden auf Erden. Dann werden Weihnachtsgeschenke zu Druckmitteln und Schneekugeln zu möderischen Waffen. Und der grauende Neujahrstag zur perfekten Tatzeit ...

Home for Christmas von Levi Henriksen
Schräge Weihnachtsgeschichten aus Norwegen.
480 Seiten · 74318

Weihnachten: Fest der Liebe und der Verstimmungen. Zeit für Aufbrüche und Ausbrüche. Im Norden ist das nicht anders als anderswo – vielleicht noch ein klein wenig irrer, existentieller und verrückter ...

MIX
Papier aus verantwortungsvollen Quellen
FSC® C014496
FSC
www.fsc.org

Verlagsgruppe Random House FSC® N001967
Das für dieses Buch verwendete FSC®-zertifizierte Papier
Lux Cream liefert Stora Enso, Finnland.

2. Auflage
Deutsche Erstveröffentlichung
dieser Zusammenstellung von Kurzgeschichten
November 2014

Umschlaggestaltung: semper smile, München
Umschlagmotiv: Masterfile / Freeman Patterson
Satz: Uhl + Massopust, Aalen
Druck und Einband: GGP Media GmbH, Pößneck
RK · Herstellung: sc
Printed in Germany
ISBN 978-3-442-74821-1

www.btb-verlag.de
www.facebook.com/btbverlag
Besuchen Sie auch unseren LiteraturBlog www.transatlantik.de